Discovery EDUCATION

맛있는 과학

디스커버리 에듀케이션

맛있는 과학—22 생태계

1판 1쇄 발행 | 2012. 2. 9.
1판 4쇄 발행 | 2018. 3. 11.

발행처 김영사
발행인 고세규
등록번호 제 406-2003-036호
등록일자 1979. 5. 17.
주 소 경기도 파주시 문발로 197(우10881)
전 화 마케팅부 031-955-3102 편집부 031-955-3113~20
팩 스 031-955-3111

Photo copyright©Discovery Education, 2011
Korean copyright©Gimm-Young Publishers, Inc., Discovery Education Korea Funnybooks, 2012

값은 표지에 있습니다.
ISBN 978-89-349-5471-2 64400
ISBN 978-89-349-5254-1 (세트)

좋은 독자가 좋은 책을 만듭니다. 김영사는 독자 여러분의 의견에 항상 귀 기울이고 있습니다.
독자의견전화 031-955-3139 | 전자우편 book@gimmyoung.com | 홈페이지 www.gimmyoungjr.com
어린이들의 책놀이터 cafe.naver.com/gimmyoungjr | 드림365 cafe.naver.com/dreem365

어린이제품 안전특별법에 의한 표시사항

제품명 도서 제조년월일 2017년 4월 11일 제조사명 김영사 주소 10881 경기도 파주시 문발로 197
전화번호 031-955-3100 제조국명 대한민국 ⚠주의 책 모서리에 찍히거나 책장에 베이지 않게 조심하세요.

Discovery Education

맛있는 과학

22 | 생태계

태영경 글 | 김준연 그림 | 류지윤 외 감수

주니어김영사

1. 생태계

2. 육상 생태계

3. 연안 생태계

4. 육수 생태계

5. 생태계의 파괴

관련 교과

1. 생태계

우리가 살고 있는 지구에는 수많은 생물이 살고 있습니다. 사람이
혼자서는 살아갈 수 없듯이 생물들도 서로 관계를 맺으며 살아갑니
다. 생물들이 어떤 관계를 맺으며 살아가는지 함께 알아보아요.

생태계란 무엇일까요?

유기체

생물처럼 물질이 서로 밀접하게 구성되어 생활 기능을 가지게 된 조직체를 말합니다.

툰드라

북쪽 북극해 연안에 분포하는 넓은 벌판을 말합니다. 1년의 대부분이 눈과 얼음으로 덮여 있지만 짧은 여름 동안 눈과 얼음이 녹아서 이끼류, 또는 균류와 조류의 공생체가 자랍니다.

생물은 물속이나 땅 위, 땅속과 같이 다양한 환경에서 살아가고 있습니다. 또 생물은 생활 환경을 제공하는 빛, 공기, 물, 토양 등의 환경 요소와 서로 관계를 맺으며 생활하지요. 이처럼 생물이 살고 있는 환경과 그 환경 속에서 살아가는 생물 모두를 생태계라고 합니다.

생태계라는 말은 1930년 로이 클라팸이라는 학자가 처음 사용했습니다. 그는 자연환경을 이루고 있는 유기체와 생물들의 연관성에 관해 연구했어

요. 후에 영국의 생물학자 아
서 탠슬리가 클라팸의 연구
결과를 정리하여 발표하면서
생태계라는 말이 널리 사용되
기 시작했습니다.

사막도 생물이 사는 생태계다.

생태계에 있어서 가장 중요
한 것은 자연환경에 있어 모
든 생물이 그물처럼 서로 관
계를 맺고 있다는 점입니다. 아주 작은 미생물에서부터 거대한 동물에 이
르기까지 모든 생물은 서로 밀접한 관계를 맺고 있지요. 여기에는 자연 속
에서 살고 있는 사람도 포함됩니다.

생태계의 크기는 작게는 작은 어항이나 연못, 크게는 열대 우림이나 사
막까지 생각할 수 있습니다. 생태계는 자연적으로 만들어져서 태양의 힘에
의해서 그 기능이 유지되는 자연 생태계와 사람이 만들고 인공적으로 그
기능이 유지되는 인공 생태계로 구분할 수 있습니다.

그 외에도 땅인지 물인지를 가지고 뭍 생태계 또는 육상 생태계, 물 생태
계 또는 수 생태계로 구분합니다. 육상 생태계는 숲, 초지, 사막, 툰드라 등
으로 구분되고 수 생태계는 담수 생태계와 해양 생태계로 구분됩니다.

지구의 표면의 71%는 바다로 되어 있고, 바람의 방향이 계절과 지역에
따라서 다릅니다. 또 지역마다 내리는 비의 양이 다르지요. 그래서 각 지역
의 생태계는 환경에서 큰 차이가 나게 됩니다.

남극에도 생물이 살까요?

황제펭귄은 남극에 무리를 지어 산다.

지구에서 가장 추운 남극에도 생태계가 있을까요? 생물이 살기에 가장 혹독한 환경을 가진 남극에도 생물이 살고 있습니다. 가장 대표적인 생물이 남극의 신사라고 불리는 펭귄이에요. 남극에 사는 펭귄은 추운 환경에서 살 수 있도록 몸의 구조가 변해 왔습니다. 다른 새들과 달리 물속에서 물고기를 잡아먹으면서 날개는 지느러미처럼 변하고, 물갈퀴가 생겨서 물속에서 헤엄을 잘 치게 되었습니다. 남극에 사는 펭귄의 종류로는 펭귄 중에서 몸집이 가장 큰 황제펭귄과 아델리펭귄, 마카로니펭귄 등이 있습니다.

남극은 너무 춥고 건조해 나무가 없습니다. 하지만 꽃이 피는 식물이 2종 있고, 이끼와 같은 지의류가 널리 퍼져 있어요. 바다표범과 물개는 남극과 북극에 모두 살고 있습니다. 남극의 바다 표면에는 식물성 플랑크톤이 아주 풍부하지요. 그래서 식물성 플랑크톤을 먹이로 먹는 가재가 많이 살고 있습니다. 또 가재는 펭귄과 바다표범 등의 먹이가 됩니다. 이처럼 추운 남극에도 생물이 살아가면서 생태계가 유지되고 있습니다.

생태계의 구성원, 생산자

생산자는 생태계 안에서 다른 생물의 영양원이 되며, 무기물에서 유기물을 만드는 생물을 말합니다. 무기물은 흙이나 물, 공기, 돌처럼 생명을 갖지 않은 물질을 말하지요. 유기물은 생물의 몸 안에서 생명력에 의하여 만들어지는 물질을 말합니다. 가장 대표적인 생산자로는 녹색식물이 있습니다.

녹색식물은 빛을 받아 스스로 물질을 만들어 냅니다. 뿌리털에서 흡수한 물과 기공에서 흡수한 이산화탄소를 원료로, 햇빛을 이용하여 포도당과 산

소를 만듭니다. 이러한 과정을 광합성이라고 합니다. 녹색식물의 세포에 들어 있는 엽록체는 광합성이 일어나는 장소이지요. 광합성으로 만든 포도당은 설탕의 형태로 이동되어 주로 녹말의 형태로 저장되고, 지방이나 단백질로 저장되기도 합니다. 식물은 이렇게 만든 광합성의 산물을 가지고 스스로는 물론 다른 동물과 미생물들을 살게 해 주는 생산자로서의 역할을 합니다.

생산자 없이는 생태계의 모든 작용이 이루어질 수 없습니다. 어항 속의 돌말과 같은 식물성 플랑크톤, 검정말이나 개구리밥, 육시의 녹색식물이 모두 생산자에 속합니다.

생태계의 구성원, 소비자

소비자는 생태계를 구성하는 생물 중에서 스스로 양분을 만들지 못하기 때문에 생산자가 만든 유기물을 먹는 생물을 말합니다. 생태계를 구성하는 생물 중에서 광합성을 통해 스스로 양분을 만드는 식물(생산자)과 달리 먹이를 통해서만 생활이 가능한 생물이에요. 대부분의 동물이 소비자에 속합니다.

소비자는 먹이의 종류나 먹이를 잡아먹는 단계에 따라 구분합니다. 생산자인 녹색식물을 잡아먹는 동물들을 1차 소비자, 1차 소비자를 잡아먹는 동물들을 2차 소비자, 2차 소비자를 잡아먹는 동물들을 3차 소비자라고 합니다.

1차 소비자에는 토끼와 같은 초식동물들이 속해 있습니다. 그리고 식물의 잎을 먹고 사는 곤충, 물에서 식물성 플랑크톤을 잡아먹고 사는 동물성

1차 소비자인 토끼.   2차 소비자인 늑대. Malene ⓒ de wikimedia Commons

플랑크톤 등이 1차 소비자에 속합니다. 1차 소비자가 생산자를 먹는 비율은 육지에서는 10% 이하로 작아요. 하지만 물속 생태계에서 1차 소비자가 생산자를 먹는 비율은 꽤 높습니다. 왜냐하면 물속에는 그만큼 많은 양의 생산자가 살고 있기 때문이지요. 뿐만 아니라 물속의 생산자는 육지의 생산자에 비해 번식의 속도가 빠릅니다. 대표적인 물속 생산자인 식물성 플랑크톤은 자신의 몸을 둘로 나누면서 빠르게 번식합니다.

초식동물을 잡아먹는 2차 소비자에는 소형 육식동물들이 속해 있습니다. 송사리와 거미, 늑대 등이 있어요. 2차 소비자를 잡아먹고 사는 3차 소비자에는 대형 육식동물들이 속해 있습니다. 호랑이, 사자, 곰 등이 있지요. 사람처럼 생태계 안에서 더 이상 다른 동물에게 잡아먹히지 않는 동물을 최종 소비자라고 합니다. 최종 소비자 단계로 갈수록 소비자의 몸집은 커지고, 속하는 수는 적어집니다.

3차 소비자인 호랑이.

최종 소비자인 사람.

생태계의 구성원, 분해자

　사람이 세월이 흘러 죽으면 땅에 묻히듯 소비자들도 시간이 지나면 늙고 쇠약해져서 땅에 묻히게 됩니다. 땅으로 돌아간 생물의 사체는 어떻게 될까요? 생물의 사체가 계속해서 늘어나게 되면 땅이 모자라지 않을까요? 다행히 생태계에는 이러한 생물의 사체를 분해하는 생물들이 있습니다. 분해자라고 불리는 생물인데, 생물의 사체나 배설물 등의 유기물을 무기물로 분해하여 생활합니다. 흙 속에 사는 작은 동물이나 버섯·곰팡이와 같은 균류, 세균류 등이 여기에 속하지요. 이들은 땅속, 땅 위, 물속 등 어디에서나 살고 있습니다.

　분해자는 유기물을 분해하여 생활에 필요한 에너지를 얻습니다. 그리고 이산화탄소를 내보내는 호흡을 하면서 살아갑니다. 분해자가 만든 이산화탄소나 물, 질소 화합물 등의 무기물은 생산자가 유기물을 합성하는 데 이

여러 종류의 분해자.

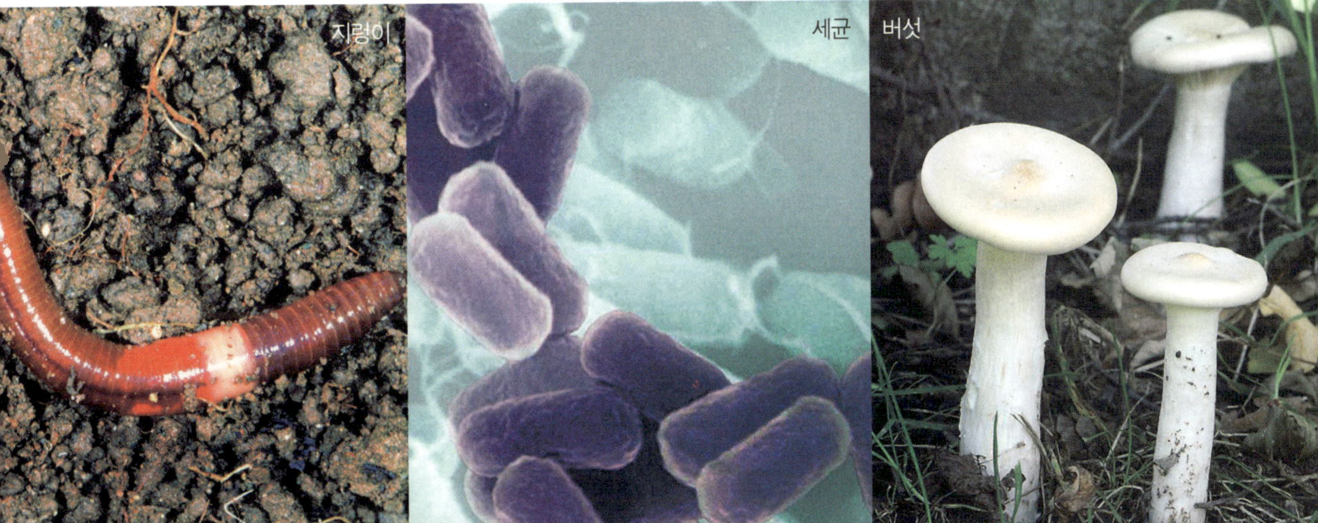

용되지요. 생산자가 생산한 물질은 소비자가 소비합니다. 생산자와 소비
자의 사체나 배설물 속의 유기물은 분해자에 의해 분해되어 무기물이 되지
요. 이것은 다시 생산자가 이용합니다. 이렇듯 분해자는 생태계의 물질 순
환에 직접 관계하며 생산자, 소비자와 더불어 생태계를 구성하는 중요한
역할을 합니다.

생태계 구성원들의 먹이 관계

생태계를 구성하는 생물들은 서로 먹고 먹히는 복잡한 먹이 관계를 가지고 있습니다. 이러한 관계를 사슬처럼 연결되어 있다고 해서 먹이사슬이라고도 하고, 그물처럼 복잡하게 연결되어 있다고 해서 먹이그물이라고도 합니다. 그리고 복잡한 먹이 관계를 순서대로 나열한 것을 먹이연쇄라고 하지요.

토끼풀(생산자) → 토끼(1차 소비자) → 멧돼지(2차 소비자) → 호랑이(3차

소비자) → 미생물(분해자)과 같이 먹이연쇄를 나타낼 때에는 화살표를 이용합니다. 그리고 잡아먹는 쪽을 포식자, 잡아먹히는 쪽을 피식자라고 부릅니다. 포식자와 피식자의 관계를 천적이라고 표현하기도 합니다.

한 마리의 매는 많은 새를 잡아먹습니다. 매가 잡아먹은 새들 중의 한 마리는 많은 거미를 잡아먹지요. 또 새가 잡아먹은 거미 중의 한 마리는 많은 곤충을 잡아먹어요. 이처럼 먹이연쇄에서는 아래 단계로 내려갈수록 그 생물의 수가 아주 많이 늘어납니다. 이러한 관계를 그림으로 나타내 보면 제일 아래 단계의 생산자 수가 가장 많고, 1차 소비자에서 2차 소비자의 단계로 갈수록 수가 줄어드는 피라미드 모양이 만들어집니다. 그래서 이를 생태학적 피라미드 또는 먹이피라미드라고 부릅니다. 생태계가 이러한 피라미드 모양을 유지하고 있을 때 생태계의 평형이 유지되고 있다고 이야기하지요.

먹이피라미드의 가장 아래쪽에 위치한 생산자의 양이 먹이그물에 속한 생물의 수를 결정하게 됩니다. 생물의 개체 수는 먹이피라미드의 최종 소비자 쪽으로 갈수록 줄어들지만, 몸의 크기는 정상에 위치한 최종 소비자가 가장 큽니다. 생물들은 먹이연쇄 과정을 거치면서 필요한 에너지를 이전 단계에서 쓰고 남은 에너지에서 얻어요. 따라서 단계가 올라갈수록 이동할 수 있는 에너지의 양은 적어지지요. 하지만 에너지를 활용하는 효율성은 점점 높아져서 위로 갈수록 먹이의 영양가는 높아집니다. 에너지의 양을 단계별로 그림으로 나타냈을 때, 그 모양도 피라미드 모양과 같습니다. 그렇기 때문에 먹이피라미드를 통해서 생물의 수뿐만 아니라 생물이 갖고 있는 에너지의 크기도 알 수 있습니다.

먹이그물

생태계에서 먹이 관계는 한 가지 경로로만 되어 있지 않습니다. 실제로 한 동물이 여러 가지 먹이를 먹고, 또 여러 동물에게 잡아먹힙니다. 가로로만 연결되어 있는 것이 아니라 세로로도 연결되기 때문에 그물처럼 복잡하게 얽혀 있지요. 이것을 먹이그물이라고 합니다. 먹이그물은 먹이사슬을 식성에 따라 연결한 것으로 생물의 환경과 식성에 따라 정해지는데, 먹이가 다양해지면 생물 간의 경쟁이 줄어들지요. 따라서 먹이그물이 복잡하게 연결될수록 안정되고 발달한 생태계를 유지할 수 있습니다.

■ 숲에서의 먹이 그물

물질 순환

　생물이 생활하는 데 필요한 물질, 생물체를 구성하는 물, 산소, 탄소, 질소 등의 물질은 형태를 달리하면서 생태계를 끊임없이 순환합니다. 이 물질들이 먹이사슬과 분해자의 분해 작용에 의해 생물과 환경 사이를 순환하는 것을 물질의 순환이라고 합니다.

　생태계에서 물, 산소, 탄소, 질소 등의 무기물은 생산자에 의해 유기물로 합성됩니다. 이 유기물은 먹이 사슬을 따라 차례대로 다음 소비자에게 이동되고, 최종 소비자까지 오게 되지요. 생산자와 소비자의 사체나 배설 속의 유기물은 분해자에 의해 최종적으로 탄소, 산소, 물 등의 무기물로 분해되어 다시 환경으로 되돌아갑니다. 생산자는 이것을 다시 이용하여 유기물을 합성해요. 이처럼 생태계 안에서 물질은 생물과 환경 사이를 끊임없이 순환합니다.

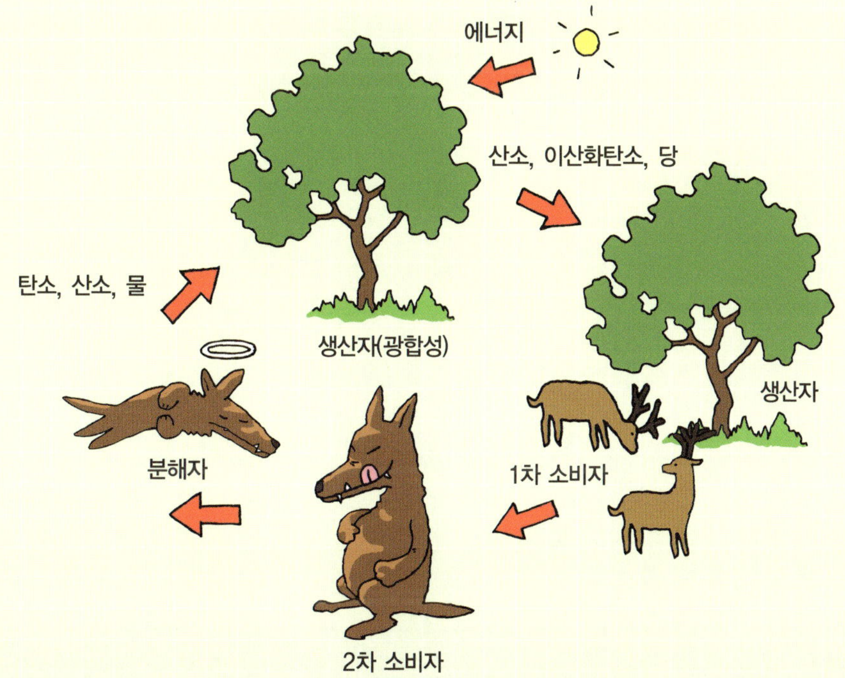

문제 1 생태계란 무엇일까요?

문제 2 생태계에서 생산자란 무엇인가요?

3. 이산화탄소, 물

4. 생물의 사체나 배설물 등의 유기물을 무기물로 분해하여 생활하는 생물입니다. 흙 속에 사는 작은 동물이나 곰팡이·버섯과 같은 균류, 세균류 등이 여기에 속하지요. 분해자는 유기물을 분해하여 생활에 필요한 에너지를 얻고, 이산화탄소를 내보내는 호흡을 하면서 살아갑니다.

문제 3 다음은 광합성 과정을 나타낸 것입니다. ( ) 안에 들어갈 물질을 쓰세요.

$$(\qquad) + (\qquad) \xrightarrow[\text{엽록체}]{\text{햇빛}} \text{포도당} + \text{산소}$$

문제 4 생태계에서 분해자란 무엇인가요?

정답

1. 생물은 물속이나 땅 위, 땅속과 같이 다양한 환경에서 살아가고 있습니다. 또 생물은 생활 환경을 제공하는 빛, 공기, 물, 토양 등의 환경 요소와 서로 관계를 맺으며 생활하지요. 이처럼 생물이 살고 있는 환경과 그 환경 속에서 살아가는 생물 모두를 생태계라고 합니다.

2. 생산자는 생태계 안에서 다른 생물의 영양원이 되며, 광합성을 통해 무기물에서 유기물을 만드는 생물을 말합니다. 어항 속의 돌말과 같은 식물성 플랑크톤, 검정말이나 개구리밥, 육지의 녹색식물이 모두 생산자에 속합니다.

초등 3학년 2학기 2. 동물의 세계
초등 4학년 2학기 1. 식물의 세계
초등 5학년 2학기 1. 환경과 생물

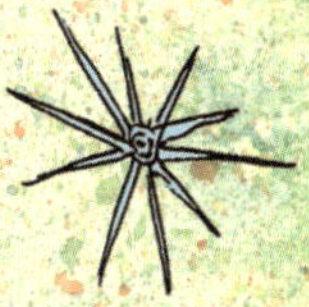

2. 육상 생태계

생태계는 지구의 모든 곳에 존재하고 있습니다. 어떤 생물이 사느냐에 따라 생태계의 모습은 조금씩 달라지지요. 지역별로 생태계의 모습이 어떻게 다른지 함께 알아볼까요?

삼림 생태계

삼림 생태계는 지구 상의 생태계 중 가장 대표적인 형태입니다. 삼림 속에서 살아가는 생물들과 자연환경으로 이루어진 것을 말해요. 삼림은 넓은 지역에 걸쳐 나무가 우거져 이루어진 숲으로, 삼림 생태계를 이끌어 가는 것은 다름 아닌 나무입니다.

삼림 생태계를 구성하는 요소는 생물적 구성 요소와 무기적 환경 요소로 구분됩니다. 생물적 구성 요소로는 생산자인 녹색식물과 소비자인 야생동물, 곤충, 그리고 분해자인 미생물 등이 있습니다. 무기적 환경 요소로는 공기, 물, 토양, 빛 등이 있어요. 삼림 생태계 안에서는 환경이 생물에 미치는 영향과 생물이 환경에 미치는 영향, 그리고 환경과 생물이 서로 미치는 영향이 끊임없이 일어나고 있습니다.

삼림 생태계는 녹색식물의 광합성 작용으로 시작됩니다. 광합성 작용으로 무기물이 유기물로 바뀌고, 그 결과인 열매나 잎을 동물이 먹이로 먹고 미생물이 분해함으로써 유기물이 다시 무기물로 바뀌는 물질대사가 이루어지고 있어요. 따라서 삼림 생태계 안에서는 에너지 또는 물질 순환이 이루어지고 있습니다.

물질대사

생물체는 몸 밖에서 섭취한 물질을 변화시키고 분해하여 에너지를 얻습니다. 필요하지 않은 물질은 몸 밖으로 내보냅니다. 이때 생물체 안에서 일어나는 물질의 변화를 물질대사라고 합니다.

생태계의 가장 기본적인 형태를 이루고 있는 삼림 생태계.

삼림 생태계에서는 환경 요인과 생물 간의 평형을 유지하면서 유기물 순환과 물의 순환도 일어납니다. 유기물은 생산 → 소비 → 분해 과정을 거치며, 물은 토양 → 식물 → 대기와 같은 과정을 거치는 순환이 일어납니다. 삼림 생태계는 목재를 만들고, 다양한 생물을 보존하고, 대기오염을 정화하고, 홍수를 조절하는 등의 다양한 기능을 합니다. 무엇보다 많은 사람들의 이익을 위한다는 점에서 다른 생태계에 비해 역할이 매우 큽니다.

생물의 다양성

　인류는 여러 가지 활동을 하면서 지속적으로 지구 환경을 파괴해 왔습니다. 목재를 얻기 위해 무차별적으로 나무를 베어 산림을 황폐화시키고 모피를 얻기 위해 특정 동물을 사냥해 멸종 위기에 처하게 했지요. 공기를 오염시키고, 유조선에서 흘러나온 기름으로 바다를 오염시켜 바다 생물들이 떼죽음을 당하기도 했습니다. 사람들이 계속해서 환경을 파괴시킨다면 어떤 일이 일어날까요?

　환경이 파괴되면 그 안에 있는 생물도 같이 위협을 받습니다. 사람의 생활을 편리하게 하기 위해 무심코 저지른 행동들로 많은 생물들이 죽고 생물의 다양성도 점차 줄어듭니다.

　과학자들은 매일 지구상에서 100여 종의 생물들이 사라진다고 합니다. 몇몇 과학자들은 이런 속도로 생물들이 계속 사라진다면 21세기 말에는 현재의 생물 중 절반이 멸종될 것으로 보고 있어요. 대부분의 생물들은 환경의 변화에 대처할 수 없을 때 멸종합니다. 멸종하는 생물 중에는 사람이 살아가는 데에 꼭 필요한 것도 있고 의학적, 과학적으로 중요한 의미를 지니는 것도 있지요. 따라서 다양한 생물들이 없어지는 것은 결과적으로 생물 자원이 줄어드는 것을 의미합니다.

　지구 생태계에 관여하는 모든 생물들의 종류는 다양해야만 합니다. 생물이 다양할수록 생태계는 안정을 이루지요. 생물이 다양하지 않으면 생태계의 균형이 깨집니다. 생태계의 균형이 깨지면 결국 우리도 피해를 입게 됩니다. 따라서 다양한 생물들이 모두 있을 수 있도록 지켜주는 것은 무엇보다 중요합니다.

초지 생태계

초지 생태계는 가축을 풀어 놓고 기르는 방목지나 여러 종류의 풀이 자라는 채초지에 형성되어 있는 생태계를 말합니다. 방목지에서는 주로 소나 양 등의 가축이 살기 때문에 소비자 단계에 속하는 동물의 종류가 다양하지 않습니다. 그리고 채초지에서는 가축의 먹이나 거름에 쓸 풀을 베어 내

양을 기르는 목장에서 초지 생태계를 관찰할 수 있다.

는 등의 사람의 활동을 통해 생태계의 순환이 이루어집니다.

　초지 생태계를 관찰할 수 있는 곳으로는 대표적으로 양을 기르는 목장을 들 수 있습니다. 목장에는 태양의 빛 에너지를 받으며 자라는 여러 종류의 풀이 있어요. 풀은 양의 먹이로, 생산자의 역할을 합니다. 풀을 먹으면서 에너지를 얻은 양은 배설물을 통해, 죽어서는 사체를 통해 유기물을 땅으로 보내지요. 땅속에 살고 있던 많은 미생물은 분해자로서 배설물과 사체를 무기물로 바꿉니다. 무기물은 다시 생산자에 의해 유기물로 다시 바뀌게 됩니다. 초지 생태계는 다른 생태계에 비해 비교적 단순합니다. 초지 생태계를 구성하는 요소들은 자신이 맡은 일을 하면서 생태계의 평형을 유지하고 있습니다.

쥐불놀이

혹시 설날 들판에서 깡통에 불을 붙여 돌리는 모습을 본 적이 있나요? 깡통에 불을 붙여 돌리는 놀이를 쥐불놀이라고 합니다. 쥐불놀이는 논이나 밭두렁에 불을 붙이는 정월의 민속놀이로 음력 정월 첫 쥐날 밤에 농가에서 벌이는 풍속이에요. 이렇게 하면 1년 내내 병이 없고 재앙을 물리칠 수 있다고 믿었어요. 잡초를 태움으로써 해충의 알이나 쥐를 박멸하여 풍작을 이루려는 뜻이 담겨 있습니다. 그런데 요즘은 화재의 위험 때문에 쥐불놀이를 잘 하지 않아요.

초지의 경우에도 잡초를 없애고, 풀이 더 잘 자라게 하기 위해 일부러 불을 놓는 경우가 있습니다. 그렇기 때문에 초지 생태계는 자연 스스로 생태계의 순환을 이루는 것이 아니라 사람의 활동에 의해 생태계의 순환이 이루어지게 됩니다.

들판에서 쥐불을 돌리고 있다. Schizoschaf@the Wikimedia Commons

사막 생태계

사막은 건조하고 온도가 높아 생물이 살아가기에 적합하지 않은 곳입니다. 무엇보다 수시로 물을 공급받아야 하는 식물에게는 한 달 이상씩 비가 내리지 않는 사막은 최악의 조건이라고 볼 수 있지요. 하지만 이런 사막에서도 생태계는 있습니다.

사막의 식물은 살아남기 위해 몸의 구조를 다른 곳에 사는 식물과는 다르게 변형시킵니다. 대표적인 예로 선인장이 있습니다. 선인장의 가시는

바오밥나무는 사막에 사는 식물 가운데 하나이다.

원래 잎이었어요. 그런데 넓은 잎은 뜨
거운 햇살은 받으면 너무 많은 수분을
증발시킵니다. 그래서 선인장은 수분의
증발을 막기 위해 잎의 면적을 줄여 가
시를 갖게 됐습니다. 또 선인장의 줄기
는 부드럽고 도톰하게 생겨서 비가 오면
많은 양의 수분을 흡수할 수 있습니다.

사막에 비가 오면 식물들은 일제히 싹
을 틔우고 빠르게 자랍니다. 비가 온 직
후에 황량했던 사막은 아름다운 꽃들로
채워지지요. 하지만 씨앗을 남기고 금세

낙타는 사막에 사는 대표적인 동물이다.

죽어 버리는데, 남겨진 씨앗은 성장하기에 충분할 정도의 물이 생길 때까
지 강한 햇빛을 피해 흙 속에 묻혀 지냅니다. 선인장 외에 사막에 사는 식
물로는 잎과 가지가 우산 모양인 아까시나무와 거대한 줄기를 가진 바오밥
나무가 있습니다.

사막은 쉽게 물을 먹을 수 없고, 낮과 밤의 온도 차이가 커서 동물들 역시
살아남기 힘든 곳입니다. 사막에 사는 동물들은 살아남기 위해 다른 지역
의 동물과는 다른 모습을 가지고 있습니다.

대표적인 예로 낙타가 있습니다. 낙타는 물을 먹지 않고 열흘 이상을 살
아남을 수 있습니다. 낙타는 등에 있는 혹 때문에 사막에서 살아남을 수 있
는데, 사람들은 낙타의 혹에 물이 들어 있다고 생각하기도 해요. 하지만 낙
타의 혹에는 물이 아닌 지방이 저장되어 있지요. 낙타의 혹은 먹을 것과 물
이 귀할 때 에너지와 물을 대신합니다. 지방이 분해될 때 산소와 수소가 나

오는데, 산소와 수소가 결합해서 물을 만듭니다.

 그리고 낙타 몸에 나 있는 두터운 털은 바깥에서 들어오는 열을 되돌려 보냅니다. 이로써 낙타가 기온이 높아도 체온이 올라가지 않도록 스스로 체온조절을 할 수 있습니다. 그래서 낙타는 땀을 거의 흘리지 않고 소변을 누는 일도 거의 없지요. 또한 낙타의 긴 눈썹은 길어 모래가 바람에 날려 눈 속에 들어오는 것을 막고, 발굽은 모래 위를 걷기에 알맞게 되어 있습니다. 낙타 외에도 사막에는 하이에나, 여우, 타조, 도마뱀 등이 삽니다.

 사막의 토양은 다른 환경의 토양과 마찬가지로 다양한 미생물들이 살고 있어서 배설물이나 시체의 분해도 충분히 이루어지고 있습니다.

선인장에 대해 더 알아보아요

선인장의 구조를 살펴보면 다른 식물과 다르게 많은 가시가 있는 것을 볼 수 있습니다. 식물은 사람이 땀을 흘리는 것과 같이 체내에서 수분의 양을 조절합니다. 사람이 이러한 일을 땀샘에서 한다면 식물은 잎의 기공이라는 작은 구멍을 통해 수분을 조절하지요. 건조한 사막에 사는 선인장은 잎에서 수분이 증발되는 것을 막기 위해 기공의 수를 줄여 나갔습니다. 그러다 보니 잎이 가시로 변했습니다.

선인장은 사막에 살기 위해 몸의 구조가 변했다.

우리가 보기에 넓고 푸르게 생겨 잎으로 착각하기 쉬운 부분은 줄기입니다. 선인장의 줄기는 다른 식물에 비해 두껍고 넓게 발달되어 있습니다. 선인장은 비가 오면 줄기에 물을 저장해 두었다가 비가 오지 않을 때 조금씩 물을 이동시켜 먹기 때문에 사막에서도 살 수 있어요. 보통 식물은 잎에서 광합성을 하지만 선인장은 잎이 가시로 되어 있어 엽록체가 없습니다. 그래서 선인장은 줄기가 대신 광합성을 하여 양분을 만듭니다.

선인장의 꽃은 대부분 화려하지만 피어 있는 시간은 매우 짧습니다. 선인장의 종류 중에는 꽃잎에서 물이 증발하는 것을 막기 위해 밤에만 꽃이 피는 것도 있습니다.

문제 1 삼림 생태계를 구성하는 요소는 무엇인가요?

문제 2 초지 생태계란 무엇인가요?

3. 식물 중에는 선인장, 아까시나무, 바오밥나무 등이 있습니다. 동물 중에는 낙타, 도마뱀, 하이에나, 여우, 타조 등이 있습니다.

4. 넓은 잎은 뜨거운 햇살을 받으면 너무 많은 수분을 증발시킵니다. 그래서 선인장은 수분의 증발을 막기 위해 잎의 면적을 줄여 많은 가시를 갖게 되었습니다.

문제 3 사막에는 어떤 생물들이 사나요?

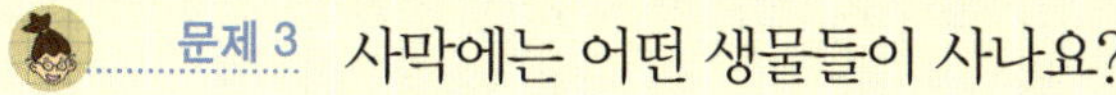

문제 4 사막에 사는 선인장은 왜 잎이 가시로 변했나요?

정답

1. 생물적 구성 요소와 무기적 환경 요소로 구분됩니다. 생물적 구성 요소로는 생산자인 녹색식물과 소비자인 야생동물, 곤충, 그리고 분해자인 미생물 등이 있습니다. 무기적 환경 요소로는 공기, 물, 토양, 빛 등이 있습니다.

2. 초지 생태계는 가축을 풀어 놓고 기르는 방목지나 여러 종류의 풀이 자라는 채초지에 형성되어 있는 생태계를 말합니다.

3. 연안 생태계

연안은 바다와 강, 호수 등과 접해 있는 육지를 말합니다. 따라서 연안 생태계는 육지에서 이루어지는 생태계와는 다른 생태계의 특성을 나타냅니다. 이번 장에서는 연안 생태계란 무엇이고, 어떤 특성이 있는지 살펴보아요.

해양 생태계

지구는 다른 행성과 달리 해양을 가지고 있는 것이 특징입니다. 지구 표면적의 70% 이상을 차지하고 있는 해양이 없었다면 물도 없었을 것이고, 그러면 지구는 아마도 다른 행성처럼 생명체가 없는 곳이 되었을지도 모릅니다. 따라서 해양은 지구 상에서 가장 규모가 큰 생태계라고 할 수 있어요. 해양에는 아주 크기가 작은 미생물에서부터 지구에서 가장 큰 동물인 고래까지 아주 다양한 생물이 살고 있습니다.

해양생물은 생활하는 모습에 따라 부유생물(플랑크톤), 유영생물, 저서생물로 분류됩니다. 운동 능력이 약하거나 없어서 물의 흐름을 따라 떠다니며 생활하는 것을 부유생물이라고 합니다. 또 어류와 같이 헤엄치는 능력이 뛰어나 스스로 이동할 수 있는 것을 유영생물이라고 하고, 모래나 펄과 같이 해양의 바닥에서 생활하는 것을 저서생물이라고 합니다.

해양 생태계에서 가장 중요한 역할을 하는 것은 생산자인 식

해양은 지구 상에서 가장 규모가 큰 생태계이다.

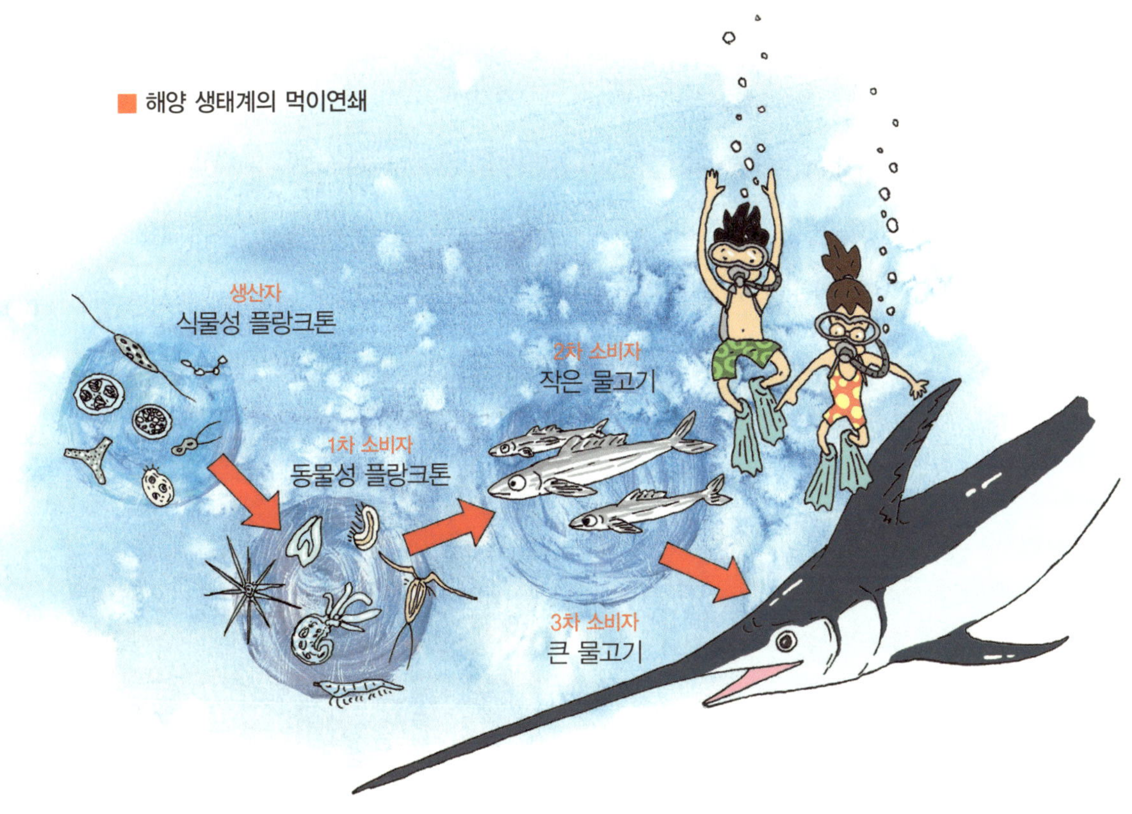

물성 플랑크톤입니다. 식물성 플랑크톤은 물에 녹아 있는 이산화탄소를 이용하여 포도당을 합성하는 1차 생산자입니다. 식물처럼 엽록소가 있어서 광합성을 할 수 있기 때문이에요. 식물성 플랑크톤이 만든 광합성 산물은 물속 생태계에서 에너지 순환의 기본 물질이 됩니다.

또 식물성 플랑크톤은 동물성 플랑크톤의 먹이가 됩니다. 해파리나 갑각류처럼 생긴 동물성 플랑크톤은 식물성 플랑크톤을 잡아먹어요. 멸치나 고등어처럼 작은 물고기는 동물성 플랑크톤을 먹고 살지요. 참치나 상어처럼 큰 물고기는 어떤가요? 작은 물고기를 잡아먹고 삽니다. 물고기가 죽으면 작은 물고기나 플랑크톤이 달려들어 먹어요. 이처럼 해양 생태계 안에서도 생산자, 소비자, 분해자 사이에서 물질이 순환합니다.

적조 현상

바다나 강 등 물속 생태계에서 빠질 수 없는 구성원 중 하나가 플랑크톤입니다. 플랑크톤은 눈에 보이지 않을 정도로 아주 작은 생명체로, 물 위에 떠서 산다고 하여 부유생물이라고도 부릅니다.

플랑크톤은 크게 식물성 플랑크톤과 동물성 플랑크톤으로 나누어집니다. 식물성 플랑크톤은 광합성을 통해 자신이

적조 현상으로 바닷물이 붉게 변했다.

살아가는 데 필요한 영양분을 스스로 만들어 내는 부류를 말해요. 동물성 플랑크톤은 식물성 플랑크톤을 잡아먹으면서 자신에게 필요한 영양분을 얻어 내는 부류를 말하지요. 이들은 물속에 사는 많은 물고기의 먹이가 되기 때문에 물속 생태계에서 없어서는 안 되는 중요한 존재입니다. 하지만 플랑크톤이 문제가 되는 경우가 있습니다.

플랑크톤의 수가 갑자기 늘어나서 바닷물의 색깔이 바뀌는 일이 종종 일어납니다. 이러한 현상을 적조 현상이라고 합니다. 적조 현상으로 인한 바닷물의 색은 보통 붉은색이지만 플랑크톤의 종류에 따라 초록색이나 갈색 등으로 바뀔 때도 있어요. 또 갑자기 늘어난 플랑크톤이 한꺼번에 산소를 이용하면서 물속 산소가 부족해지지요. 물속에 살던 다른 생물들은 산소 부족으로 질식해 죽게 됩니다.

플랑크톤은 물속 생태계에 꼭 필요한 구성원입니다. 하지만 그 수가 전체적으로 균형을 이룰 때에만 제 역할을 제대로 할 수 있습니다. 이것은 모든 생태계의 구성원에게도 해당되는 사항입니다.

심해 생태계

햇빛이 잘 드는 얕은 바다는 해조류나 식물성 플랑크톤이 광합성을 하기 때문에 먹이가 풍부합니다. 따라서 많은 해양생물들이 살 수 있지요. 하지만 깊은 바다인 심해까지는 햇빛이 닿지 않습니다. 그래서 바다 깊이 들어갈수록 어두워지고 차가워집니다. 그리고 깊은 바다는 육지보다 수천 배나 기압이 높아요. 이런 환경에 적응하기 위해 심해에 사는 생물들의 모습은

수심 3,000m 심해에 사는 꼬리민태.

변해 왔습니다. 심해에는 어떤 생물들이 살고 있을
까요?

심해에도 약간의 빛이 있는 곳과 아예 빛이 없는
곳이 있습니다. 약간의 빛이 있는 곳에 사는 어류는
어두운 곳에서도 먹이를 잘 찾기 위해 대부분 큰 눈을 가지고 있습니다. 반
면에 아예 빛이 없는 곳에 사는 어류의 눈은 전혀 발달하지 않습니다. 빛이
없어서 볼 필요가 없기 때문이지요. 심해에 사는 생물 가운데에는 빛을 내

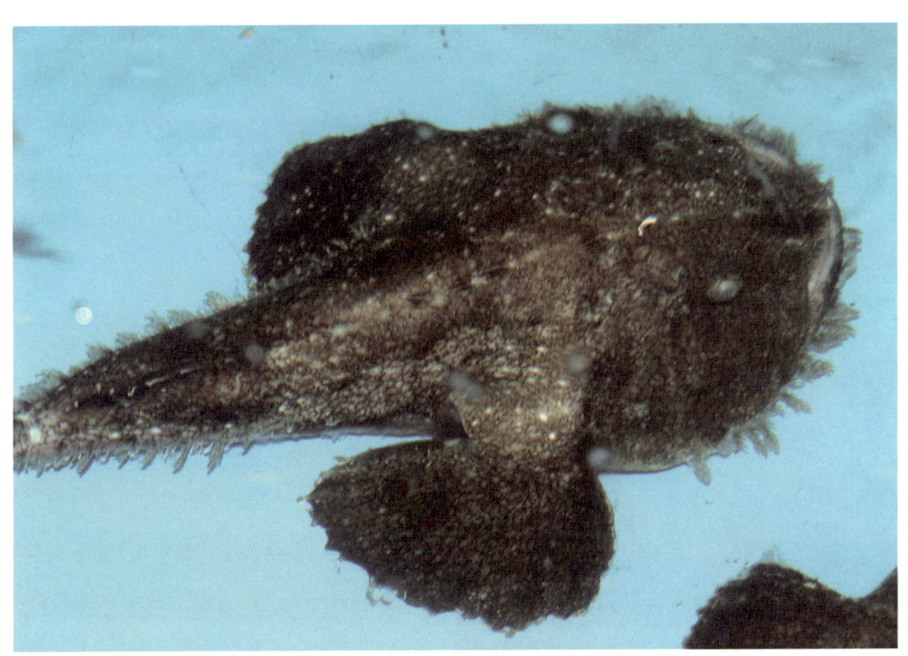

아귀는 깊은 바다에 산다. 큰 입이 인상적이며 간 요리와 아귀찜 요리로 유명하다.

는 생물이 많습니다. 빛을 내어 먹이를 유인하여 잡아먹기 때문입니다.

심해에 사는 어류 중의 하나인 아귀는 입이 커서 먹이를 바로 삼킬 수 있습니다. 또 아귀의 이빨은 굉장히 날카롭습니다. 심해에는 먹이가 많지 않기 때문에 한 번 잡은 먹이를 놓치지 않기 위해서이지요. 심해에서 사는 생물로는 심해 새우, 말미잘, 눈이 퇴화된 게, 새우류, 홍합류, 권패류 등이 있습니다.

깊은 바닷속은 어떻게 관찰할까요?

잠수정은 바닷속을 탐험하는 배다.

깊은 바다 밑을 안전하게 관찰할 수 있는 것은 잠수정 때문입니다. 잠수정은 특수 강철을 사용하여 높은 압력에 견디도록 만든 특수한 배입니다. 잠수정은 잠항정이라고도 하지요. 잠수함과 잠수정을 구별하는 정확한 기준은 없지만 일반적으로 40톤 내외의 크기에 한 명에서 다섯 명이 탑승하는 것을 잠수정이라 부릅니다. 과학자가 직접 눈으로 관찰하고 자료를 채집할 수 있다는 장점이 있습니다.

잠수정은 주로 해양 조사와 심해 개발, 구조 활동 등의 목적으로 사용됩니다. 미국의 잠수정 중에는 침몰한 잠수함의 원인을 조사하고, 항공기의 추락으로 해저에 가라앉은 핵폭탄을 회수하는 등의 임무를 성공적으로 완수한 경우도 있습니다. 오늘날 대표적인 잠수정에는 미국의 DSRV(Deep Sea Rescue Vehicle)가 있습니다. 깊은 바다 구명용 잠항정으로, 30t 크기에 세 명이 탑승하여 1,000m 이상의 깊은 바다에 침몰된 잠수함의 승무원 열두 명을 구조할 수 있는 능력을 가지고 있습니다.

갯벌 생태계

서해안이나 남해안 지역에는 바닷가에 물이 빠지면서 생기는 진흙 벌판인 갯벌이 있습니다. 갯벌 생태계는 해양과 육지의 생태계가 만나는 곳으로 해양과 육지의 생물이 함께 먹이 관계를 맺고 있어요. 갯벌에는 여러 종류의 조개부터 눈에 잘 보이지 않는 미생물까지 살고 있습니다.

나문재는 갯벌에 무리 지어 사는 한해살이풀이다.

갯벌 생태계에서 생산자의 역할을 하는 생물로는 식물성 플랑크톤과 태양에너지를 이용하여 광합성을 하는 염생식물이 있습니다. 염생식물이란 갯벌과 같이 소금기가 많은 곳에서 자라는 식물을 말합니다. 세포 속에 소금기가 많이 들어 있으며 물을 잘 흡수하지요. 퉁퉁마디, 갯질경이, 나문재, 칠면초 등이 염생식물에 속합니다. 파래나 김과 같은 해조류와 규조류와 같은 미세한 조류 등도 갯벌의 생산자에 속합니다.

갯벌의 생산자들이 만들어 낸 유기물은 1차 소비자의 먹이가 됩니다. 1차

소비자에는 갯지렁이, 민챙이 등이 있어요. 1차 소비자는 2차 소비자의 먹이가 됩니다. 2차 소비자에는 조개, 낙지, 새우, 게, 불가사리 등이 있지요. 2차 소비자는 3차 소비자인 물고기나 갈매기 등의 먹이가 됩니다.

갯벌의 작은 틈에는 세균이나 바이러스, 곰팡이와 같은 생물들이 생활하고 있습니다. 이러한 생물들은 육지나 바다로부터 흘러 들어온 유기물을

갯벌 생태계를 구성하는 생물들.

분해하는 성질을 가지고 있습니다. 따라서 갯벌의 미생물은 해양 오염의 원인이 되는 유기물을 없애 줍니다. 해양의 생태계를 보호하는 중요한 역할을 갯벌의 미생물들이 하고 있습니다.

갯벌의 역할

갯벌은 밀물과 썰물이 드나들기 때문에 산소가 풍부합니다. 그리고 유기물이 많아서 생물의 종류가 매우 다양합니다. 또한 어패류가 먹이를 먹고 번식하는 장소로 이용되지요. 따라서 갯벌은 많은 양의 수산물을 생산합니다. 갯벌의 생산 능력은 육지나 바다에 비해 더 높은 것으로 알려져 있습니다.

갯벌의 모습.

갯벌은 자연 정화 기능을 합니다. 오염 물질이 바다로 들어올 때 가장 먼저 갯벌 지역을 지나게 됩니다. 이때 갯벌 지역에 서식하는 염생식물, 미생물 등에 의해 자연적인 정화가 이루어집니다.

갯벌은 홍수가 발생했을 때 물의 흐름을 완화하고 저장하는 역할을 합니다. 또한 물의 흐름을 오랜 시간에 걸쳐 나누어 흐르도록 하면서 홍수량을 조절하지요. 갯벌 덕분에 홍수로 인한 인명·재산 피해를 줄일 수 있습니다. 갯벌은 태풍이 해안에 가까워질 때 태풍의 영향을 줄이는 역할도 합니다.

갯벌이 가진 경관으로서의 가치도 무시할 수 없습니다. 갯벌은 생태적 특이성과 다양성으로 인해 낚시나 해수욕, 휴식, 관광 등을 제공하는 여가 공간으로 많이 이용되고 있습니다.

문제 1 해양 생태계에서 가장 중요한 역할을 하는 것은 무엇인가요?
이유도 함께 설명해 보세요.

문제 2 심해에 사는 생물의 모습이 변한 이유는 무엇일까요?

3. 식물성 플랑크톤과 염생식물이 있습니다. 염생식물에는 통통마디, 갯질경이, 나문재, 칠면초 등이 있습니다. 파래나 김과 같은 해조류와 규조류와 같은 미세한 조류 등도 갯벌의 생산자에 속합니다.

4. 갯벌은 많은 양의 수산물을 생산하고 자연 정화 기능을 합니다. 홍수량을 조절하고, 태풍의 영향을 줄입니다. 갯벌은 낚시나 해수욕, 휴식, 관광 등을 제공하는 여가 공간으로 많이 이용되고 있습니다.

문제 3 갯벌 생태계에서 생산자의 역할을 하는 생물에는 무엇이 있나요?

문제 4 갯벌은 어떤 역할을 하나요?

정답

1. 식물성 플랑크톤입니다. 식물성 플랑크톤이 만든 광합성 산물은 물속 생태계에서 에너지 순환의 기본 물질이 됩니다. 또 동물성 플랑크톤의 먹이가 되는 생산자의 역할을 합니다.

2. 심해까지는 햇빛이 닿지 않고, 바다 깊이 들어갈수록 어두워지고 차가워집니다. 깊은 바다는 육지보다 수천 배나 기압이 높습니다. 이런 환경에 적응하기 위해 심해에 사는 생물들의 모습은 변해 왔습니다.

4. 육수 생태계

지구에 있는 물의 양 중 약 97.2%는 바닷물이 차지하고 있습니다. 육지의 물은 약 2.8%에 불과합니다. 육지의 물을 육수라고 하는데 빙하, 지하수, 강과 호수의 물 등이 포함됩니다. 육수 생태계는 어떤 모습인지 알아보아요.

강과 하천의 생태계

우리나라에는 한강을 비롯하여 낙동강, 금강, 섬진강, 영산강 등 많은
강이 있습니다. 큰 강에서 여러 갈래로 뻗어 나온 작은 강인 하천도 여러
개가 있지요. 강과 하천의 생태계는 소비자가 물속에 사는 생물로 한정되
어 있어서 비교적 간단한 편입니다. 하지만 위치나 지형에 따라 생물의 종

류에서 차이가 나기 때
문에 각각 다른 생태계
의 모습을 가지고 있습
니다.

　한강의 경우를 살펴보
아요. 대표적인 한강의
상류 지역으로는 강원도
정선군과 영월군 일대를
흐르는 동강이 있습니
다. 동강은 마치 뱀이 기

쉬리는 하천 중·상류의 맑은 물이 흐르는 자갈 바닥에서 산다.

어가듯 구불구불하게 흐르고, 깎아지른 듯한 절벽을 이루고 있어요. 동강
에는 뻐꾹채, 백부자, 꼬리겨우살이 등의 희귀한 식물이 자랍니다. 수달,
원앙, 소쩍새, 까막딱따구리 등의 동물도 살고 있습니다.

　동강에 사는 대표적인 물고기로는 쉬리가 있습니다. 쉬리는 물이 맑고
바닥에 자갈이 깔려 있는 하천의 중·상류에서 삽니다. 몸길이가 10~15cm
이고, 몸집이 작고 빛깔이 아름다운 민물고기입니다. 특히 산란기에는 아
무리 빠른 물살의 흐름 속에서도 끝까지 밀리지 않고 역류하는 특성을 가
지고 있어요. 작은 무리를 지어 다니며 물에 사는 곤충, 실지렁이, 기타 작
은 동물들을 잡아먹고 삽니다. 쉬리는 큰 물고기의 먹이가 되기도 합니다.

　한강의 중류는 서울의 중심을 가로지르고 있습니다. 한강 중류에 사는
대표적인 생물로는 붕어가 있습니다. 붕어는 환경에 대한 적응력이 큰 물
고기 중 하나로, 물빛이 어느 정도 흐린 곳에서 살아요. 빠르게 흐르는 물
을 좋아하지 않아 하천의 중류 이하의 주로 물살이 느린 시내나 강, 호수

붕어는 하천의 중류 이하의 주로 물살이 느린 시내나 강, 호수에 산다. ⓒ Viridiflavus@the Wikimedia Commons

에 삽니다. 한강의 수질이 좋지 않아도 살아남는 대표적인 생물이기도 합니다.

붕어의 생김새는 잉어와 비슷하지만 잉어에게 있는 수염이 붕어에게는 없어요. 그리고 잉어처럼 크게 자라지는 않지만 살이 통통한 편입니다. 붕어는 사는 곳에 따라 색깔이나 크기가 다른데, 생김새에 따라 다른 이름이 붙여집니다. 붕어는 주로 새우나 곤충 같은 작은 생물을 먹고 자라며 커 가면서 먹이는 다양해지지요. 따라서 붕어는 생태계의 먹이연쇄에 있어서 1차 소비자의 위치에 놓이기도 하고 그 이상의 위치에 놓이기도 합니다.

강의 하류는 강과 바다가 만나는 곳입니다. 한강의 하류 지역으로는 장항 습지가 있습니다.

습지는 갯벌처럼 물기가 많아 축축한 곳을 말합니다. 습지는 다양한 생물들이 살 수 있는 공간을 제공합니다. 습지의 얕은 물과 수초가 잘 자라는 지역은 수중 생물의 번식과 생활에 중요한 영향을 미칩니다. 또 습지를 찾는 새들에게는 중요한 삶의 터전이 되기도 하지요. 그리고 육상의 동물들에게는 물을 공급하고 먹이를 구할 수 있는 장소 역할도 합니다. 이들 생물은 습지 안에 있는 풍부한 플랑크톤과 함께 거대한 생태계를 이루고 있습니다.

　습지에서 자라는 식물들은 모두 수중식물에 해당합니다. 수중식물은 물속에서 사는 식물을 뜻하는 말로, 수생식물이라고도 하지요. 수중식물은 추수식물, 부수식물, 침수식물로 나뉩니다. 추수식물은 물속의 바닥이나 진흙 속에 뿌리를 내리고 있어요. 줄기와 잎은 대부분 물 위로 뻗어 있습니다. 정수식물이라고도 하며 연꽃, 갈대, 부들 등이 속합니다. 부수식물은 식물체의 대부분이 물 위에 떠 있는 식물로 부레옥잠, 개구리밥 등이 속해요. 침수식물은 식물체의 전체나 입이 물속에 잠겨 있는 식물로 물수세미, 검정말, 붕어마름, 나사말 등이 속합니다.

　습지에 사는 동물로는 생쥐 등과 같은 소형 포유류를 비롯하여 할미새, 도요새 등의 조류가 있습니다. 습지는 양서류에게 가장 적합한 생활환경을 제공하고 있기 때문에 개구리, 두꺼비 등이 많이 살고 있습니다. 곤충 중에서는 잠자리류가 많으며 물노린재 등의 지표성 곤충과 습지식물에 붙어사

습지는 강의 하류 지역에 있는 습한 땅으로 많은 생물들이 살고 있다.

는 나방, 파리류, 딱정벌레류가 많이 살고 있습니다. 그 밖에 거미류, 진드기류, 지렁이류 등이 습지에 살면서 생태계를 구성합니다.

바닷물고기는 민물에서도 살 수 있나요?

바다에 사는 물고기를 바닷물고기, 민물(강이나 호수 등의 소금기가 없는 물)에 사는 물고기를 민물고기라고 합니다. 그렇다면 바닷물고기는 민물에서 살 수 있을까요?

바다와 민물 모두에서 사는 물고기가 있어요. 대표적으로 연어가 있습니다. 연어는 바다에서 살기도 하지만 산란기와 어린 시절을 민물에서 보냅니다. 연어 이외에도 송어, 숭어, 뱀장어, 은어 등이 바다와 민물 모두에서 생활합니다.

바닷물고기는 몸 안의 소금기가 바닷물보다 낮습니다. 바닷물이 몸속으로 들어오면 바닷물고기는 신장과 아가미를 통해 배출하지요. 몸 안에서 물이 계속 빠져나가기 때문에 바닷물고기의 오줌은 양이 적고 농도가 매우 진합니다. 반대로 민물고기는 몸 안의 소금기가 바깥 환경인 강에 비해 높습니다. 강물이 몸속으로 들어오면 민물고기는 많은 양의 묽은 오줌을 만들어서 내보내지요. 이처럼 바닷물고기와 민물고기는 몸의 농도를 유지시키는 각각의 방식이 있습니다. 따라서 대부분의 물고기들은 자기가 원래 살던 바다나 민물 어느 한쪽에서만 살 수 있습니다.

민물이 생겨나는 원인

호수는 소금기가 거의 없는 민물이다.

지구 상에 존재하는 물에는 일반적으로 여러 가지 물질들이 녹아 있습니다. 가열을 통해 순수한 수증기만을 모아 증류한 순수한 물을 제외하고는 대부분 지구 상에 존재하는 강이나 호수, 바다, 수돗물에서 얻을 수 있는 물은 광물질이나 기체, 또 물에 녹지 않는 물질 등의 혼합물이라고 할 수 있습니다.

민물을 소금기가 포함되지 않은 물이라고도 하는데, 정확하게 말한다면 민물인 강이나 호수에도 우리가 맛을 통해 느끼지는 못하지만 적은 양의 소금기가 있어요. 민물은 소금기가 전혀 없는, 짜지 않은 물을 의미한다기보다는 염분이 녹아 있는 정도가 아주 낮은 물을 말합니다. 민물은 사람이 마실 수 있고, 농업에도 쓰이는 등 여러 용도로 사용하지요. 민물은 호수, 강, 그리고 지하수를 포함합니다.

민물이 생겨나는 가장 큰 원인은 대부분 바다에서 증발된 수증기가 대기를 통해 이동한 후 기상 현상으로 공기 속의 수증기가 지표로 떨어졌기 때문입니다. 민물은 사람이 여러 용도로 사용할 수 있는 유용한 수자원입니다. 대표적으로 비와 눈을 들 수 있어요. 지구에 물이 부족하다고 할 때, 가리키는 물은 바로 수자원으로서의 민물입니다.

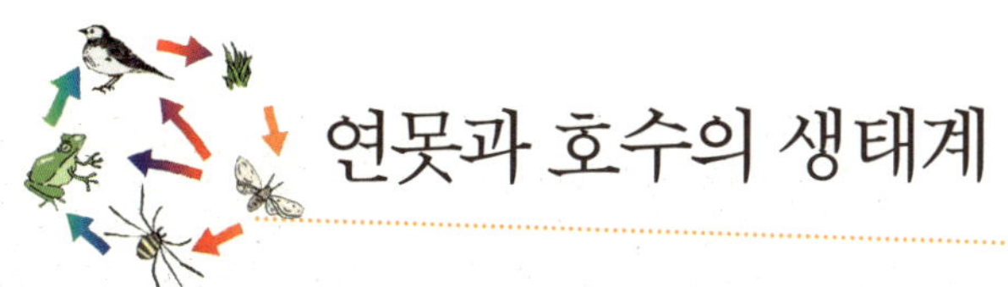

연못과 호수의 생태계

연못은 일반적으로 호수보다는 조금 작은 크기의 물이 고인 곳을 말합니다. 연못의 물은 바닥에서 물이 솟아나거나 한쪽에서 흘러들어 다른 쪽으로 흘러나가는 방식으로 이동됩니다. 이로 인해 연못의 가장자리뿐 아니라 연못 위, 연못 속에도 많은 종류의 생물이 살고 있습니다.

호수는 연못보다 깊으며 땅이 우묵하게 들어가 물이 고인 곳을 말합니다. 호수 역시 생물의 활동이 왕성하고 물고기들의 종류도 많습니다. 연못과 호수의 공통점은 물이 항상 고여 있다는 점입니다. 연못과 호수의 생태계는 어떤 모습일지 자세히 살펴보아요.

연못과 호수 생태계에서는 수중식물들이 생산자의 역할을 하고, 물속에 사는 동물이나 곤충이 소비자의 역할을, 미생물이 분해자의 역할을 합니다. 수중식물은 뿌리로 물을 흡수하는 육상식물과는 달리 뿌리를 통해 무기물을 흡수하는 특징이 있어요. 흡수한 무기물은 광합성을 통해 유기물로 만들어집니다.

연못과 호수에 사는 대표적인 수중식물로는 검정말이 있습니다. 검정말은 물속에서 살기 위해 뿌리가 단단하게 발달되었고, 부러지지 않기 위해 흐느적거리는 줄기와 잎을 가지고 있지요. 대부분 무리를 지어 자라고, 여름에서 가을 사이에는 작은 꽃이 물 위에 떠서 지냅니다.

검정말은 연못, 호수, 흐르는 개울물 등에 산다.

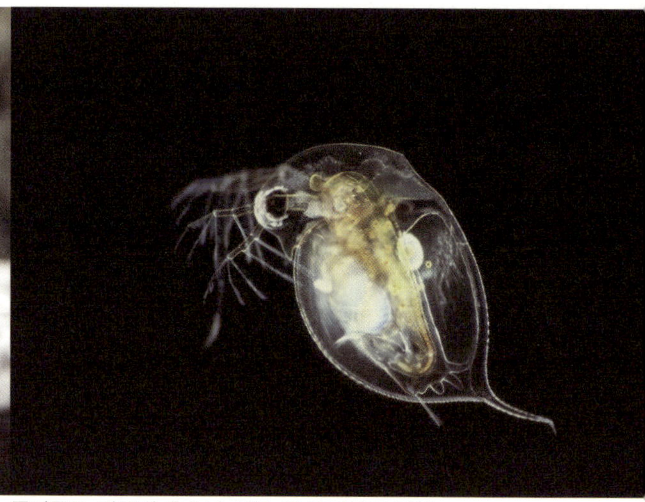

물벼룩은 전국의 호수나 연못 등 유기물이 많은 수중에서 쉽게 볼 수 있다.

연못이나 호수에 가장 많이 사는 동물로는 물벼룩이 있습니다. 몸길이가 1.2㎜에서 2.5㎜밖에 되지 않는 아주 작은 동물입니다. 암컷이 수컷보다 크며, 머리는 넓고 주둥이는 뾰족합니다. 투명한 몸을 가지고 있기 때문에 몸 안의 모습이 그대로 드러나 보이는 것이 특징이에요. 물벼룩은 가슴에 있는 네 쌍 또는 여섯 쌍의 다리로 물의 흐름을 만들어 이동하면서 물속에 사는 녹색식물을 먹고 에너지를 얻습니다. 연못과 호수 생태계에서 1차 소비자 역할을 하지요. 물벼룩은 자신보다 몸이 큰 물고기인 송사리나 붕어, 미꾸라지, 납자루의 먹이가 됩니다.

미꾸라지는 주로 연못이나 호수, 늪, 하천의 하류 등에 삽니다. 다른 어류와 다르게 비늘이 없고 몸이 미끌미끌하여 이름이 미꾸라지로 붙여졌습니다. 생김

미꾸라지는 연못, 호수, 늪, 하천의 하류 등의 바닥에서 생활한다.

새는 미꾸리와 비슷하지만 미꾸라지가 더 크고 납작하게 생겼습니다.

미꾸라지는 별로 깨끗하지 않은 물에서도 잘 견디며 진흙 속에 자주 들어갑니다. 물속에 사는 어류이기 때문에 평소에는 아가미로 숨을 쉬지만 산소가 부족할 때에는 물 위로 올라와 입으로 공기를 들이마시고 장을 통해 숨을 내보내 호흡을 하지요. 미꾸라지는 물벼룩뿐 아니라 장구벌레, 진흙 속 유기물 등을 잡아먹고 삽니다. 대부분 밤에 활동하는 야행성 어류입니다.

물을 깨끗이 하는 부레옥잠

    부레옥잠은 호수나 연못에서 흔히 볼 수 있습니다. 부레옥잠은 물에 떠서 사는 부엽식물입니다. 부엽식물이란 잎을 물 위에 띄우고 사는 식물을 말합니다. 개구리밥이 부엽식물의 또 다른 예가 될 수 있어요. 부레옥잠은 잎이 물 위로 떠오릅니다. 잎을 잘 관찰해 보면 잎의 아랫부분이 불룩하게 튀어나와 있는 모습을 볼 수 있습니다. 물에 잘 뜨기 위해 공기가 들어 있기 때문이에요.

    이러한 부레옥잠은 살아 있는 정수기입니다. 물속의 질소와 인이 너무 많으면 물을 썩게 만드는데, 부레옥잠은 물속의 질소와 인을 왕성하게 먹어 치웁니다. 1만㎡ 안에 있는 부레옥잠은 500명의 사람이 내버리는 폐수를 깨끗한 물로 바꿉니다. 부레옥잠은 물을 깨끗이 할 뿐만 아니라 어린 물고기들이 살기 좋은 집이 되기도 하지요. 부레옥잠 이외에도 물고기, 지렁이, 박테리아 등도 물속의 오염 물질을 먹는 살아 있는 정수기 역할을 합니다.

부레옥잠은 물속의 질소와 인을 먹어 물을 깨끗하게 해 준다.

벌레잡이식물

꼼짝없이 동물의 먹잇감이 되는 줄 알았던 식물이 거꾸로 곤충이나 작은 동물을 잡아먹기도 한다는 놀라운 사실을 알고 있나요? 이러한 식물을 벌레잡이식물, 다른 말로 식충식물이라고 합니다.

벌레잡이식물이 사는 습한 땅은 흙이 거의 없고, 식물이 살아가는 데 꼭 필요한 영양분이 부족합니다. 그래서 벌레잡이식물은 살아남기 위해 벌레를

통발은 연못이나 호수, 논에서 자라는 여러해살이 벌레잡이식물이다.

잡아먹고 사는 특별한 능력을 가지게 되었지요. 벌레잡이식물에는 벌레먹이말, 끈끈이주걱, 통발, 벌레잡이제비꽃, 털잡이제비꽃, 파리지옥 등이 있습니다.

이 중에서도 통발은 연못과 호수에 사는 대표적인 벌레잡이식물입니다. 통발은 뿌리가 없이 물 위에 둥둥 떠다니는 물풀로, 전체 벌레잡이식물 가운데 절반 가까이를 차지합니다. 통발은 가지 사이에 아주 작은 크기로 잔뜩 붙어 있는 작은 벌레잡이주머니를 함정으로 이용해 벌레를 잡아요. 통발의 벌레잡이주머니는 속이 훤히 보일 정도로 투명한 캡슐 모양인데, 통발 하나에 보통 4,000개에서 5,000개 정도의 벌레잡이주머니가 달려 있습니다. 통발이 즐겨먹는 먹잇감은 물벼룩이나 모기의 애벌레인 장구벌레 같은 작은 물속 곤충들입니다.

문제 1 습지는 무엇인가요?

문제 2 민물은 무엇인가요?

3. 물벼룩이 있습니다. 물벼룩은 가슴에 있는 네 쌍 또는 여섯 쌍의 다리로 이동하면서 물속에 사는 녹색식물을 먹고 에너지를 얻습니다. 연못과 호수 생태계에서 1차 소비자 역할을 하지요. 물벼룩은 자신보다 몸이 큰 물고기인 송사리나 붕어, 미꾸라지, 납자루의 먹이가 됩니다.

4. 곤충이나 작은 동물을 잡아먹는 식물을 벌레잡이식물, 다른 말로 식충식물이라고 합니다. 벌레잡이식물이 사는 습한 땅은 흙이 거의 없고, 식물이 살아가는 데 꼭 필요한 영양분이 부족하지요. 그래서 벌레잡이식물은 살아남기 위해 벌레를 잡아먹고 사는 특별한 능력을 가지게 되었습니다. 벌레잡이식물에는 벌레먹이말, 끈끈이주걱, 통발, 벌레잡이제비꽃, 털잡이제비꽃, 파리지옥 등이 있습니다.

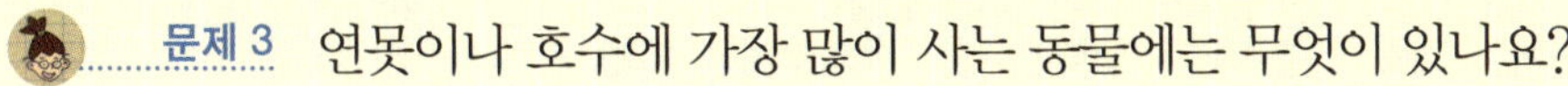

문제 3 연못이나 호수에 가장 많이 사는 동물에는 무엇이 있나요?

문제 4 벌레잡이식물은 무엇인가요?

5. 생태계의 파괴

생태계를 구성하고 있는 생물 개체 수의 균형이 어긋나는 것을 생태계의 파괴라고 합니다. 생태계가 파괴되면 먹이사슬이 무너지고 생태계를 구성하는 모든 생물이 피해를 보게 됩니다. 무엇이 생태계를 파괴시키는지 알아보아요.

귀화생물

귀화생물은 우리나라에서 대대로 살고 있는 것이 아니라 인위적 또는 자연적인 방법으로 우리나라에 들어와 사는 생물을 말합니다. 귀화종이라고도 하는데, 동물인 경우는 귀화동물, 식물인 경우는 귀화식물이라고 합니다.

황소개구리는 대표적인 귀화생물이다.
ⓒ Tigershrike@the Wikimedia Commons

귀화동물

귀화동물은 본래의 서식지에서 다른 지역으로 옮겨와 정착한 동물을 말합니다. 하지만 철새와 같은 계절적인 이주동물이나 인위적으로 특수한 조건에서 키우는 동물 등은 귀화동물의 범주에 포함되지 않아요. 자연환경에서 번식하고 정착이 확인된 외래동물에 한하여 귀화동물이라 합니다. 대표적인 귀화동물로는 황소개구리가 있습니다.

황소개구리는 몸길이 12~20cm, 몸무게 200~400g 정도의 대형 개구리를 말합니다. 몸길이가 6~9cm 정도 되는 우리나라의 참개구리와 비교해

보면 황소개구리의 크기가 얼마나 큰지 알 수 있습
니다.

　황소개구리는 덩치가 크고 번식력이 좋아 식용으
로 쓰기 위해 수입했습니다. 하지만 관리상의 문제로 야
생 황소개구리의 숫자가 늘어나면서 생태계에 심각한
영향을 미치기 시작했지요. 무엇보다 황소개구리는 곤충
외에도 물고기, 작은 개구리, 가재, 심지어는 작은 뱀까지 먹어
치웁니다. 게다가 황소개구리와 같은 귀화동물은 경쟁종이나 천
적이 없어 원산지에서보다 훨씬 번식을 잘하지요. 문제는 이뿐
만이 아닙니다. 황소개구리의 목에는 큰 울음주머니가 있어 밤에
큰 울음소리를 냅니다. 울음소리가 마치 황소의 울음소리와 같아 사람들에
게 피해를 주지요. 황소개구리는 뒷다리가 길어 한 번에 5m 이상을 뛰기 때
문에 잡기도 어렵습니다.

　붉은귀거북도 귀화동물입니다.
눈 뒤쪽에 빨간색 무늬가 있는 것
이 특징이에요. 몸길이는 최대
30cm 정도까지 자랍니다. 물 흐름
이 약한 호수나 큰 강의 늪에 살
며, 수초가 많이 자라는 곳을 좋아
합니다. 붉은귀거북은 잡식성으
로 달팽이, 곤충, 수초, 버섯, 과일
등을 먹어요. 살아 있는 것과 죽어
있는 것을 가리지 않고 먹고 심지

붉은귀거북은 여러 이유로 자연에 살면서 생태계의
파괴를 가져왔다.

왼쪽은 큰입우럭, 오른쪽은 블루길이다. 귀화동물과 우리나라 고유의 물고기들과의 불균형이 생태계에 문제를 가져왔다.

어 황소개구리까지 잡아먹습니다. 하지만 붉은귀거북을 잡아먹는 소비자는 없습니다. 처음에 붉은귀거북은 청거북이라고 불리며 애완동물로 인기를 끌었어요. 하지만 붉은귀거북을 도심지의 하천이나 호수에 풀어 주면서 전국의 하천으로 퍼져 나갔습니다. 지금은 우리나라 고유의 어류, 곤충, 양서류 등을 잡아먹어 하천의 생태계를 심각하게 파괴하고 있습니다.

큰입우럭도 귀화동물입니다. 민물고기로, 물이 맑고 물풀이 무성한 곳을 좋아하지요. 육식성으로 새우나 작은 물고기를 잡아먹고 삽니다. 공격력이 아주 강하여 큰 입으로 순식간에 우리나라 고유의 붕어나 잉어 같은 물고기들을 잡아먹습니다.

우리나라 생태계를 파괴하는 또 다른 어종으로는 블루길이 있어요. 블루길이라는 이름은 영어로 파란 아가미라는 뜻으로, 아가미 끝에 짙은 남색의 무늬가 있다고 해서 지어진 이름입니다. 원산지는 북아메리카로, 어민의 소득을 높이기 위해 수입했습니다. 주로 물살이 느리고, 물풀이 무성한 연못이나 호수, 하천 등지에서 살아요. 현재는 국내의 저수지나 댐, 하천 등에 널리 분포하고 있습니다. 뛰어난 번식력으로 우리나라의 하천을 장악하고 있지요. 어린 블루길은 플랑크톤을 주로 먹고 성장하면서 물에 사는 곤충, 유충, 갑각류 등을 잡아먹습니다. 그런데 큰 물고기가 되면 민물 새우와 작은 물고기를 닥치는 대로 잡아먹습니다. 따라서 우리나라 고유의 물고기들이 급격하게 감소하고 생태계의 균형이 무너지고 있습니다.

귀화식물

귀화식물은 원래는 그 지역에서 자라지 않았지만 여러 원인으로 건너오거나 침입하여 산이나 들에 자라게 된 식물들을 말합니다.

귀화식물은 자연 귀화식물과 인공 귀화식물로 구분됩니다. 자연 귀화식물은 전혀 알지 못하는 사이에 우리나라로 들어와 귀화 상태가 된 식물입니다. 따라서 식물이

돼지풀은 우리나라 생태계의 균형을 유지하는 데 문제를 일으키는 귀화식물이다.

들어온 시기가 명확하지 않은 것이 많지요. 돼지풀, 도깨비바늘, 개망초, 실망초, 달맞이꽃 등이 있습니다. 이 중에서도 돼지풀은 한해살이풀로 키는 30㎝에서 150㎝입니다. 자라는 조건이 잘 맞으면 400㎝ 이상 자라나기도 합니다. 돼지풀은 산과 들의 초원에서 자라는데, 100개의 씨앗을 뿌리

면 95개가 살아남을 만큼 번식력이 강해요. 또 돼지풀은 알레르기를 일으키기 때문에 꽃가루가 바람에 날려 코나 눈에 들어가면 재채기가 납니다. 돼지풀을 몰아내는 데는 뿌리가 촘촘한 달맞이풀이 제격입니다. 달맞이풀이 군락을 이룬 주변에는 돼지풀이 자라지 못합니다.

인공 귀화식물은 사료나 식용, 관상용 등의 여러 목적으로 수입 또는 재배된 식물을 말합니다. 야생 상태로 자연 귀화된 식물과 대조됩니다. 자운영, 개자리, 붉은토끼풀, 토끼풀, 메귀리 등은 목초나 사료용으로 수입되어서 퍼지게 되었고, 돼지감자는 식용에서, 데이지, 큰달맞이꽃, 분꽃 등은 관상용으로 수입되어서 퍼지게 되었습니다.

이 중에서도 토끼풀은 길가나 들판에 저절로 나는 여러해살이풀입니다. 워낙 생명력이 질기고 번식도 잘하기 때문에 한 번 자라기 시작하면 없애기가 힘들지요. 하지만 동물의 먹이가 되기도 하고 땅을 기름지게도 하기

토끼풀은 유럽에서 건너온 귀화식물로 본래는 가축에게 줄 사료로 들여왔다.

때문에 유용한 식물이기도 합니다. 우리는 흔히 클로버라고 알고 있어요. 잎이 석 장의 겹잎으로 되어 있는데 간혹 넉 장으로 되어 있는 것도 있습니다. 넉 장의 잎은 흔하지 않기 때문에 '행운의 상징'으로 여기기도 합니다.

　귀화식물의 공통적인 특징은 생존 능력이 아주 강해서 척박한 땅, 폐수가 흐르는 공장 지대, 고속도로 근처 등 나쁜 환경 속에서도 거뜬히 자란다는 점입니다. 게다가 스스로 수정할 수 있어서 자연스럽게 번식도 가능하지요. 이러한 생존 능력과 번식력은 현재 우리나라 식물의 5% 정도를 차지하는 귀화식물의 수를 금방 늘려 놓을 것이라고 예상됩니다. 귀화식물이 전파된 경로는 여러 가지이지만 항구, 비행장, 역 등 외국과의 교통이나 해외로부터 수출 또는 수입 등의 관계가 있는 장소를 들 수 있어요. 지금 우리나라에서 볼 수 있는 귀화식물의 원산지는 거의 전 세계에 걸쳐 있지만 주요 지역은 유럽, 아메리카, 중국, 인도, 지중해 연안, 오스트레일리아 등이 있습니다.

멸종 위기 생물

멸종이란 생물학에서 생물의 어떤 종족이 모두 죽어 버리거나 후손을 남기지 못하고 사라져 버린 것을 말합니다. 대부분의 멸종은 환경적 변화에 의한 것으로 봅니다. 멸종의 원인으로는 첫 번째로 어떤 종이 변화된 환경에 적응하지 못해 후손을 남기지 못하고 사라져 버린 경우입니다. 대표적인 예로 공룡을 들 수 있어요. 두 번째로 환경에 잘 적응했지만 적응의 과정에서 전혀 다른 새로운 종으로 진화해 버리는 경우입니다. 그리고 마지막으로 사람에 의해 멸종되는 경우입니다.

식량이나 오락의 대상으로 무분별하게 동물을 사냥하는 등 사람이 생물의 멸종에 영향을 끼친 부분이 많습니다. 그렇다면 어떠한 생물들이 멸종 위기에 처해 있는지 알아볼까요?

수달은 멸종 위기에 처해 있다.

흑고니는 오리과에 속하며 천연기념물로 지정해 보호하고 있다.

현재 우리나라에서 36종의 동물이 멸종 위기 동물로 지정되어 있습니다. 포유류로는 붉은박쥐, 늑대, 여우, 표범, 호랑이, 수달, 바다사자, 반달가슴곰, 사향노루, 산양 등 10종이 있어요. 이들은 이미 남한에서는 사라졌고, 북한의 고지대와 백두산 등지에서는 아주 적은 수가 남아 있는 것으로 알려져 있습니다.

이 중에서 수달은 천연기념물 제330호로 지정되어 있습니다. 수달은 족제비과 중에서도 유일하게 물과 육지 양쪽에서 생활을 할 수 있는 동물이에요. 주로 물속에서 먹이를 먹습니다. 야생에서의 최고 수명은 약 10년 정도이고, 사육 상태에서는 더 깁니다. 수달은 깨끗하며 먹이가 충분히 공급되는 해양이나 강, 호수, 늪 지역에 주로 살아요. 건강한 물속 환경의 지표종(특정한 환경 조건을 나타내는 생물)이라고 할 수 있습니다. 그런데 최근에는 급속도로 개체수가 감소하고 있어요. 이는 사람에 의해 살고 있는 곳이

파괴되었기 때문입니다.

조류에는 노랑부리백로, 황새, 노랑부리저어새, 저어새, 흑고니, 흰꼬리수리, 참수리, 검독수리, 매, 두루미, 넓적부리도요, 청다리도요사촌, 크낙새 등 13종이 있습니다. 이 중에서도 흑고니는 우리나라에서는 천연기념물 제201호로 지정되었어요. 10월경에 찾아와 3월 초까지 머물다 가는 겨울새입니다. 깊지 않은 늪지대, 호수, 습지대 등에 살며 거꾸로 자맥질하며 각종 수생식물과 작은 동물을 먹습니다. 흑고니는 한때 '악마의 사자' 라고 불리며 사람들이 무차별적으로 잡아 죽였어요. 이때부터 흑고니의 멸종 위기는 시작됐습니다.

파충류로는 구렁이 1종이 있습니다. 어류에는 감돌고기, 흰수마자, 미호

우리나라에는 제주도에서만 자생하는 한란은 천연기념물 제191호이다.
ⓒKENPEI@the Wikimedia Commons

종개, 꼬치동자개, 퉁사리의 5종이 있어요. 곤충류에는 장수하늘소, 두점박이사슴벌레, 수염풍뎅이, 상제나비, 산굴뚝나비 등 5종이 있고, 무척추동물에는 나팔고둥, 귀이빨대칭이, 두드럭조개 등 3종이 있습니다.

멸종 위기 식물로 지정되어 있는 식물에는 한란, 나도풍란, 광릉요강꽃, 매화마름, 섬개야광나무, 돌매화나무 등 6종이 있습니다.

사람들이 자연 환경을 계속 오염시킨다면, 앞에서 말한 멸종 위기에 처한 생물 외에도 더 많은 생물이 사라지게 될지도 모릅니다. 깨끗한 환경과 자연 속에서 생물과 함께 살아가기 위해서 생물을 보호하는 태도를 길러야 합니다.

천연기념물

천연기념물은 법률로 보호·보존이 지정된 자연물을 말합니다. 식물과 동물뿐 아니라 광물도 있습니다. 우리나라에는 현재 식물, 동물, 지질·광물, 천연 보호 구역 등을 포함하여 약 300건이 천연기념물로 지정되어 있습니다.

동물의 경우는 계절에 따라 나타나는 철새 등과 희귀한 동물 및 보기에 특이한 동물들이 지정되어 있습니다. 광물은 우리나라의 지질을 연구하는 데 있어서 대표적인 광물이거나 암석의 생성 연대를 연구하는 데 있어서 중요한 학술적 대상, 또는 거대하고 특이한 동굴, 동식물의 화석 등이 지정되어 있습니다. 또한 일정한 지역에 동물·식물·광물의 천연기념물이 집중되어 있는 경우에는 이 구역을 모두 포함하여 천연 보호 구역으로 지정하고 있습니다. 동물과 식물은 생명이 있기 때문에 죽거나 이동하면 천연기념물에서 제외되는 경우도 있지요.

그렇다면 여러 동물을 천연기념물로 지정하여 보호하려는 이유는 무엇일까요? 환경 변화 및 오염에 의해 멸종해 가는 동물을 보호하여 생태계의 종을 다양하게 유지시키기 위해서입니다. 천연기념물을 보호하고 지키려는 노력이 필요하겠지요?

천연기념물 제328호 하늘다람쥐.

천연기념물 제205호 저어새.

공룡이 살아난다면 어떤 일이 생길까요?

무려 1억 6,000만 년에 걸쳐서 지구를 지배한 공룡은 6,500만 년 전에 지구 상에서 사라졌습니다. 그런데 만약 공룡이 다시 살아 돌아온다면 우리의 생태계에는 어떤 변화가 생길까요?

공룡은 티라노사우루스 같은 육식 공룡도 있고, 브라키오사우루스 같은 초식 공룡도 있습니다. 육식 공룡은 힘이 세고, 이빨이 날카롭기 때문에

박물관에 전시된 티라노사우루스의 뼈.

초식 공룡은 물론이고 다른 동물들을 잡아먹습니다. 따라서 육식 공룡이 돌아오면 동물의 숫자는 빠르게 줄어들 것입니다. 대신 생산자인 녹색식물의 수는 점점 늘어나지요. 먹이가 사라진 육식 공룡은 결국 다시 사라지게 되고, 지구에는 녹색식물만 남게 됩니다. 반대로 초식 공룡이 돌아온다면 어떨까요? 초식 공룡은 녹색식물을 먹이로 삼기 때문에 녹색식물의 수는 빠르게 줄어들 것입니다. 초식 공룡은 먹을 것이 없어 점점 줄어들게 되고, 초식 공룡을 잡아먹고 살아야 하는 육식 공룡의 수도 함께 줄어들게 되지요. 시간이 지나면 결국 초식 공룡도, 육식 공룡도 다시 멸종하게 됩니다.

공룡들이 다시 사라지게 되면, 예전에도 그랬던 것처럼 오랜 시간이 지나 지구에는 새로운 생명체가 생겨날지도 모릅니다. 어쨌든 공룡이 다시 살아온다면 생태계에 갑작스러운 변화가 생긴다는 사실만은 분명합니다.

환경오염으로 인한 파괴

토양오염은 토양 속에 오염 물질이 포함되어 사람을 포함한 생태계에 전반적으로 나쁜 영향을 미치는 현상을 말한다.

공기, 물, 토양 등의 자연환경은 오염 물질을 스스로 정화시킬 수 있는 능력을 가지고 있습니다. 하지만 사람들의 무분별한 개발 때문에 과도한 오염 물질이 배출되면 자연 스스로 정화하는 능력이 떨어져 생태계의 균형이 깨지지요. 이러한 상태를 환경오염이라고 합니다. 환경오염은 대기오염, 수질오염, 토양오염 등으로 나눌 수 있습니다.

대기오염은 일산화탄소, 이산화탄소, 매연 등의 오염 물질이 공기와 섞여 사람에게 피해를 주는 것을 말합니다. 대기오염은 석탄과 석유 등의 화석연료 사용이 급격히 늘어나면서 발생했어요. 오염 물질은 공장, 자동차, 화력발전소, 가정용 난방 기구 등에서 주로 배출됩니다. 대기오염의 가장

스모그는 대기오염의 가장 대표적인 현상이다.

대표적인 현상이 스모그(smog)입니다. 스모그는 오염 물질과 안개가 섞여 대기가 뿌옇게 보이는 현상입니다.

대기오염의 가장 큰 특징은 오염된 지역으로부터 다른 지역으로의 확산이 빠르다는 점입니다. 최근 중국으로부터 황사와 함께 우리나라로 대기 오염 물질이 날아오고 있어 국제적인 문제가 되고 있어요. 또 대기가 오염되면 도시의 가로수 잎의 색깔이 변합니다. 공장에서 나오는 연기 때문에 공장 주변의 나무들이 죽지요. 그리고 공장이나 자동차에서 나오는 매연으로 동물들이 깨끗한 공기를 마시지 못합니다.

수질오염은 자연 상태의 물이 나쁜 물질들로 더러워지는 현상을 말한다.

　수질오염은 자연 상태의 깨끗한 물이 여러 가지 사람의 활동에 따라 나쁜 물질들로 더러워지는 현상을 말합니다. 자연 상태의 물은 쉬지 않고 순환하지요. 순환하는 동안에 물속에 저절로 스며든 여러 가지 불순물은 일반적으로 희석, 여과, 침전 그리고 미생물의 분해 활동 등으로 깨끗해지는데, 이처럼 저절로 깨끗해지는 작용을 물의 자정작용이라고 합니다. 그러나 불순물인 공장폐수와 생활하수 등이 지나치게 많이 물속에 흘러들면 자정작용의 한계를 넘어서면서 물이 더러워질 수밖에 없습니다.

　수질오염을 일으키는 원인으로는 공장폐수, 산업폐기물, 구정물, 분뇨, 원자력발전소나 화력발전소 등에서 흘러나오는 더운 물, 해저 유전의 원유 유출 사고 등이 있습니다. 뿐만 아니라 농사를 지을 때 쓰는 비료나 농약,

일반 가정에서 쓰는 샴푸나 세제 등도 물을 오염시키는 중요한 원인이 됩니다. 물이 오염되면 물속에서 사는 생물이 사라지고, 나중에는 사람이 마시는 물까지 더러워져 결국에는 사람의 건강과 생명이 위협받게 되지요. 그러므로 자연 상태의 깨끗한 물을 지키고 보호하기 위해서는 쓰레기나 오염 물질 등을 함부로 버리지 말아야 합니다.

토양오염이란 토양 속에 오염 물질이 포함되어 사람을 포함한 생태계에 전반적으로 나쁜 영향을 미치는 현상을 말합니다. 오염 물질이 섞인 폐수·하수·폐기물이 토양에 버려지거나 농약이 토양에 스며들면서 오염됩니다. 토양을 오염시키는 주된 물질은 카드뮴·수은·납·아연 등이에요. 공기 중에 포함된 오염 물질에 오염된 빗물, 가정이나 공장의 하수, 축산 폐수, 버려진 폐기물, 논밭에 뿌려지는 농약·비료 등이 있는데, 토양을 오염시키는 원인은 매우 다양하고 넓게 퍼져 있습니다. 토양의 오염 물질들은 비가 오면 녹아서 지하수나 강으로 흘러내려 가게 되어 강이나 바다를 오염시키는 원인이 되기도 하지요. 토양이 오염되면 땅속에 사는 생물들이 점차 죽거나 사라지고 오염된 땅에서 자란 식물을 사람이나 동물이 섭취함으로써 건강에 해로운 물질이 몸속에 쌓이게 됩니다.

그렇다면 환경이 깨끗하면 어떤 점이 좋을까요? 우리는 물가에서 즐겁게 쉬거나 놀 수 있고, 맑은 공기를 마음껏 마실 수 있습니다. 그리고 깨끗한 물을 마실 수 있고, 여러 종류의 물고기들도 깨끗한 환경 속에서 편안하게 살아갈 수 있어요. 우리가 깨끗한 환경을 유지하면 외국 사람들이 우리나라로 관광을 많이 오게 되고, 우리도 더욱 건강해질 수 있습니다.

환경 지키기

우리가 살고 있는 이 땅은 옛날부터 금수강산이라고 불렀습니다. 금수강산은 자연이 깨끗하고 아름다워 사람이 살기에 가장 좋은 땅이라는 뜻이에요. 그러나 요즘은 공장도 많이 생기고 사람들이 많이 사는 도시도 늘었기 때문에 우리의 아름다운 금수강산은 오염되었습니다. 자동차에서 나오는 더러운 연기나 공장에서 뿜어대는 검은 연기 때문에 공기가 아주 더러워졌고, 공장에서 몰래 버리는 더러운 물 때문에 강물은 심하게 오염되고 역겨

죽음의 하천에서 생명의 하천으로 거듭난 양재천.

운 냄새도 심합니다.

이런 환경을 보호하기 위해서 사회적으로 동식물 보호 활동이 이루어지고 있습니다. 먼저, 자연보호 운동입니다. 쓰레기 줍기, 자연보호 세미나·강연회 등 동식물의 생태 환경 보호를 위한 여러 활동을 펼치고 있어요. 물 살리기 운동도 있습니다. 물을 맑게 하여 물고기가 잘 살 수 있도록 보호 활동을 펼치며, 더러운 하천에 물을 버리는 행위를 감시하지요. 야생동물 보호 운동도 있습니다. 산과 들에 사는 야생동물을 함부로 잡는 행위를 막고, 적극적으로 단속하여 야생동물을 보호합니다. 철새 보호 운동도 있습니다. 철새가 오는 곳에 감시원을 파견하여 철새와 야생 조류를 보호하지요. 매년 우리나라에 찾아오는 철새와 텃새들을 보호하기 위해 모이 주기와 인공 새집 달아 주기 등의 활동도 합니다. 또 몰래 철새를 잡는 행위를 막고, 주변 환경을 오염시키는 행위를 감시합니다.

그렇다면 우리가 할 수 있는 일에는 어떤 것이 있을까요? 쓰레기를 분리하여 버립니다. 물과 전기를 아껴 쓰는 습관을 기릅니다. 또

그린피스는 국제적인 환경보호 단체이다.

합성 세제와 일회용 물건의 사용을 줄입니다. 식물이나 동물을 우리 가족처럼 아끼며 보호합니다. 고무, 비닐 등 독한 냄새가 나는 물질을 함부로 태우지 않습니다. 음식 찌꺼기를 봉지에 싸서 버리고, 될 수 있으면 음식 찌꺼기가 생기지 않도록 합니다. 우리가 다 함께 노력한다면 생태계를 건강하게 지킬 수 있을 것이에요.

생물농축 현상

생물체 안에 특정한 화학물질이 축적되는 것을 생물농축이라고 합니다. 사람의 경우에는 갑상샘에 요오드를 농축시키는데, 요오드는 티록신이라는 호르몬을 생성하는 데 이용됩니다. 티록신은 너무 많아도, 너무 적어도 병을 일으키지요. 해양생물인 가리비의 경우에는 해수로부터 아연이나 구리, 카드뮴, 크롬 등을 선택적으로 흡수합니다. 체내의 카드뮴 함량은 해수의 무려 200만 배나 됩니다.

오염 물질의 경우 먹이사슬의 위쪽으로 갈수록 생물체에 축적되는 농도는 증가합니다.

이러한 특징을 생물농축 확대라
합니다. 예를 들어, 수중에 포함된
DDT(살충력이 강한 농약)에 비해
물고기를 포식하는 새의 몸속에
서는 수백만 배나 농도가 높게 나
타납니다. 그리고 사람은 먹이사
슬의 가장 상위 단계에 있으므로
자연을 오염시킨 농축 물질이 가
장 많이 축적될 수 있어요. 결국
사람에게 그 피해가 다시 돌아오
게 됩니다.

농약이나 산업 폐수에 들어 있
는 카드뮴, 수은, 납, 크롬, 페놀 등

비행기로 농약을 살포하고 있다.

의 중금속과 DDT 등이 생물농축을 일으키는 대표적인 물질들입니다. 이런 물질들을 사
람이 섭취하게 되면 생명을 위협할 수도 있는 미나마타병이나 이타이이타이병 등에 걸릴
위험이 높습니다.

문제 1 귀화생물이 생태계를 파괴하는 가장 큰 원인은 무엇인가요?

문제 2 생물이 멸종되는 가장 큰 원인은 무엇인가요?

을 가지고 있습니다. 하지만 사람들의 무분별한 개발 때문에 과도한 오염 물질이 배출되면 자연 스스로 정화하는 능력이 떨어져 생태계의 균형이 깨집니다.

4. 우리는 물가에서 즐겁게 쉬거나 놀 수 있고, 맑은 공기를 마음껏 마실 수 있습니다. 그리고 깨끗한 물을 마실 수 있고, 여러 종류의 물고기들도 깨끗한 환경 속에서 편안하게 살아갈 수 있지요. 우리가 깨끗한 환경을 유지하면 외국 사람들이 우리나라로 관광을 많이 오게 되고, 우리도 더욱 건강해질 수 있습니다.

문제 3 환경오염은 생태계에 어떤 영향을 미치나요?

문제 4 환경이 깨끗하면 어떤 점이 좋을까요?

우리나라 어린이·청소년들의 제2의 교과서!

앗! 시리즈 드디어 150권 완간!

놀라운 〈앗! 시리즈〉의 세계

1999년부터 시작된 〈앗! 시리즈〉의 신화가 2011년 드디어 완성되었다.
즐기면서 공부하라, 〈앗! 시리즈〉가 있다!
과학·수학·역사·사회·문화·예술·스포츠를 넘나드는 방대한 지식!
깊이 있는 교양과 재미있는 유머, 기발한 에피소드까지, 선생님도 한눈에 반해 버렸다!
교과서를 뛰어넘고 싶거든 〈앗! 시리즈〉를 펼쳐라!

1 수학이 수군수군
2 물리가 물렁물렁
3 화학이 화끈화끈
4 수학이 또 수군수군
5 우주가 우왕좌왕
6 구석구석 인체 탐험
7 식물이 시끌사끌
8 벌레가 벌렁벌렁
9 동물이 뒹굴뒹굴
10 바다가 바글바글
11 화산이 왈칵왈칵
12 소리가 속삭속삭
13 진화가 진짜진짜
14 꼬르륵 뱃속여행
15 두뇌가 뒤죽박죽
16 번들번들 빛나리
17 강물이 꾸물꾸물
18 전기가 찌릿찌릿
19 과학자는 괴로워
20 수학이 자꾸 수군수군 ①셈
21 공룡이 용용 죽겠지
22 수학이 자꾸 수군수군 ②분수
23 질병이 지끈지끈
24 컴퓨터가 키득키득
25 폭풍이 무하무하
26 사막이 바싹바싹
27 수학이 자꾸 수군수군 ③확률
28 지진이 우르쾅쾅
29 높은 산이 아찔아찔
30 파고 파헤치는 고고학
31 시간이 시시각각
32 유전이 요리조리
33 오락가락 카오스
34 감쪽같은 가상 현실
35 블랙홀이 불쑥불쑥
36 번쩍번쩍 빛 실험실
37 우르쾅쾅 날씨 실험실
38 움찔움찔 감각 실험실
39 지구가 지글지글
40 생물이 생긋생긋
41 수학이 순식간에
42 원자력이 으사으사
43 우주를 향해 날아라
44 돌고도는 물질의 변화
45 전기 없이는 못 살아
46 지구를 구하는 환경지킴이
47 우리 조상은 원숭인가요
48 놀이공원에 숨어 있는 과학
49 빛과 UFO
50 자석은 마술쟁이
51 이왕이면 이집트
52 그럴싸한 그리스
53 모든 길은 로마로
54 혁명이 후끈후끈
55 아슬아슬 아스텍
56 바이바이 바이킹
57 켈트족이 꿈틀꿈틀
58 들썩들썩 석기시대
59 잉카가 이크이크
60 사랑해요 삼국시대
61 하늘빛 한국신화
62 고려가 고마워요
63 새록새록 성경이야기
64 끄덕끄덕 그리스신화
65 새콤달콤 셰익스피어 이야기
66 뜨끔뜨끔 동화 뜯어보기
67 아찔아찔 아서왕 전설
68 아른아른 아일랜드 전설
69 부들부들 바이킹 신화
70 카랑카랑 카이사르
71 뿔끈뿔끈 나폴레옹
72 자동차가 부릉부릉
73 환경이 욱신욱신
74 방송이 신통방통
75 동물의 수난시대
76 연극이 회희낙락
77 비행기가 비뚤비뚤
78 영화가 얼레꼴레
79 세상에 이런 법이!
80 건축이 건들건들
81 패션이 팔랑팔랑
82 미술이 수리수리
83 꾸벅꾸벅 클래식
84 팝뮤직이 기타등등
85 올록볼록 올림픽
86 와글와글 월드컵
87 야구가 야단법석
88 영자영자 영국축구
89 만화가 마냥마냥
90 씽씽 인라인 스케이팅
91 사이클이 사이사이
92 스르륵 스케이트보드
93 축구가 으랏차차
94 탱굴탱굴 테니스
95 골프가 굴러굴러
96 믿지못해 미스터리
97 웬일이니 외계인
98 종교가 중얼중얼
99 길이길이 기억해
100 별볼일있는 별자리여행
101 오싹오싹 무서운 독
102 에너지가 불끈불끈
103 태양계가 티격태격
104 튼튼탄탄 내 몸 관리
105 똑딱똑딱 시간 여행
106 미생물이 미끌미끌
107 이상야릇 수의 세계
108 대수와 방정맞은 방정식
109 도형이 도리도리
110 섬뜩섬뜩 삼각법
111 용감무쌍 탐험가들
112 빙글빙글 비행의 역사
113 알쏭달쏭 스도쿠
114 갈팡질팡 가쿠로
115 의학이 으악으악
116 노발대발 야생동물
117 좋아해요 조선시대
118 호수가 넘실넘실
119 오들오들 남극북극
120 온갖 섬이 들썩들썩
121 야심만만 알렉산더
122 별난 작가 별별 작품
123 쿵쿵쾅쾅 제1차 세계 대전
124 쾅쾅탕탕 제2차 세계 대전
125 우글우글 열대우림
126 종횡무진 시간모험
127 스릴만점 모험가들
128 위풍당당 엘리자베스 1세
129 와글와글 별별 지식
130 와글와글 별별 동식물
131 어두컴컴 중세 시대
132 위엄가득 빅토리아 여왕
133 대담무쌍 윈스턴 처칠
134 번쩍번쩍 발명가들
135 뜨끈뜨끈 지구 온난화
136 기세등등 헨리 8세
137 비밀의 왕 투탕카멘
138 별별생각 과학자들
139 생각번뜩 아인슈타인
140 해안이 꾸불꾸불
141 수학이 자꾸 수군수군 ④측정
142 수학 공식이 꼬물꼬물
143 상식이 두루두루
144 영문법이 술술술
145 최강 여왕 클레오파트라
146 수학이 꿈틀꿈틀
147 만능 천재 레오나르도 다 빈치
148 과학 천재 아이작 뉴턴
149 끔찍한 역사 퀴즈
150 소름 돋는 과학 퀴즈

닉 아놀드 외 글 | 토니 드 솔스 외 그림 | 이충호 외 옮김 | 각권 5,900원

★1999 문화관광부 권장도서
★1999 한국경제신문 도서 부문 소비자 대상
★2000 국민, 경향, 세계, 파이낸셜 뉴스 선정 '올해의 히트 상품'
★2000 문화일보 선정 '올해의 으뜸 상품'
★간행물윤리위원회 선정 청소년 권장도서
★서울시교육청 중등 추천도서(23권) 선정
★소년조선일보 권장도서 | 중앙일보 권장도서
★롱프랑 청소년 과학도서상 수상
★TES(The Times Educational Supplement)상 청소년 교양 부문 수상

주니어김영사　www.gimmyoungjr.com | 어린이들의 책놀이터 cafe.naver.com / gimmyoungjr | 031-955-3139